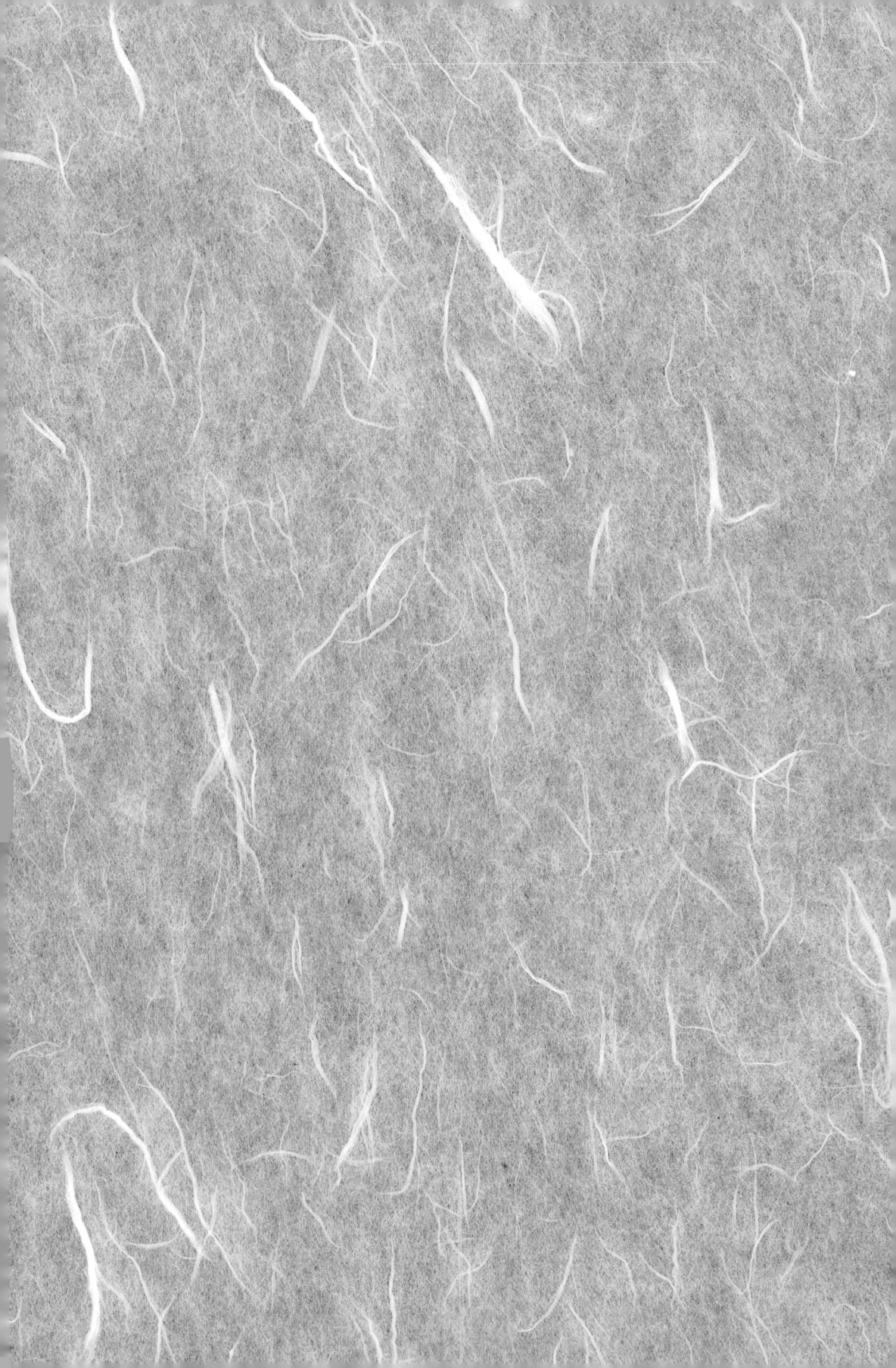

国家出版基金项目
NATIONAL PUBLICATION FOUNDATION

熊秉明文集

COLLECTED WORKS OF HSIUNG PING-MING

主　编⊙叶朗　陆丙安
执行主编⊙朱良志

关于罗丹：日记摘抄

时代出版传媒股份有限公司
安徽教育出版社

图书在版编目（CIP）数据

熊秉明文集. 一,关于罗丹:日记摘抄 / 叶朗,陆丙安主编;
熊秉明著. —合肥:安徽教育出版社,2018.12
ISBN 978-7-5336-8768-7

Ⅰ.①熊… Ⅱ.①叶…②陆…③熊… Ⅲ.①熊秉明—文集
②罗丹(Rodin,Auguste 1840—1917)—艺术评论—文集
Ⅳ.①J—53

中国版本图书馆CIP数据核字(2018)第242397号

熊秉明文集 一 关于罗丹:日记摘抄

XIONGBINGMING WENJI YI GUANYU LUODAN RIJI ZHAICHAO

出 版 人:郑　可
质量总监:姚　莉
策划编辑:王竞芬
责任编辑:王竞芬
装帧设计:朱　锦　朱嫣然
责任校对:周骐睿　徐　宇
技术编辑:陈善军

出版发行:时代出版传媒股份有限公司　安徽教育出版社
地　　址:合肥市经开区繁华大道西路398号　邮编:230601
网　　址:http://www.ahep.com.cn
营销电话:(0551)63683012,63683013
排　　版:安徽时代华印出版服务有限责任公司
印　　刷:安徽联众印刷有限公司

开　本:710×1010　1/16
印　张:22
字　数:270千字
版　次:2018年12月第1版　2018年12月第1次印刷
定　价:132.00元

(如发现印装质量问题,影响阅读,请与本社营销部联系调换)

编辑委员会

主　编
叶　朗　陆丙安

执行主编
朱良志

委　员（按音序排列）
杜小真　陆丙安　宁晓萌　孙焘　叶朗　朱良志

Collected Works Of Hsiung Ping-Ming

出版说明

熊秉明先生（1922—2002），著名法籍华人艺术家、诗人，在雕塑和书法方面有精深造诣，同时是一位有重要影响的艺术理论家。

先生1944年毕业于西南联合大学哲学系。1947年考取公费留法，进入巴黎大学攻读博士学位。1949年专修雕塑。1960年在瑞士苏黎世大学教授汉语及中国哲学。1962年受聘于巴黎东方语言文化学院，曾任该校中文系教授、系主任。著有《张旭狂草》《中国书法理论体系》《关于罗丹——日记择抄》等著作。

先生兼融哲学和艺术，沟通东方和西方，对艺术有极敏感之体悟能力，生平著述具有广泛读者。此次编纂出版的十卷《熊秉明文集》，是先生除雕塑、书法作品之外的存世文字的合集，包括他的学术著作、随笔、读书札记等。其生平重要著述《张旭狂草》一书，第一次由法文译成中文介绍给汉语界读者。文集中包括先生生平大量未刊稿，其中近半数文字，是根据先生手稿整理而成，第一次与读者见面。

北京大学美学与美育研究中心长期致力于重要艺术文献的整理研究，此次整理得到了熊秉明先生夫人陆丙安女士的大力支持与帮助，安徽教育出版社精心编辑出版，多方面力量汇集，使此书得以顺利出版。本书在整理出版过程中，参考了相关杂志和出版机构先行出版的成果，在此表示衷心感谢。敬请广大读者多提宝贵意见。

为了方便读者阅读，此次出版对若干译名，根据现代使用习惯，做了修改。文集中有些地方文字重复，为了保留先生手稿原貌，未做修改。

本卷文字说明

　　熊秉明一生所受影响最大的西方艺术家是罗丹。本卷收录了他关于罗丹的笔记和论文,不仅帮助读者更深地领会罗丹艺术,同时对熊秉明的艺术道路和艺术思想也会增加了解。

目录 | CONTENTS

- 001　前　言
- 004　新版序

一 1947

- 009　1947.10.17　毕龙府 —— 罗丹美术馆
- 015　1947.10.23　"他是一切"
- 017　1947.11.11　《行走的人》
- 019　1947.11.28　里尔克的《罗丹》

一 1948

- 023　1948.01.10　《艾玛神父》
- 026　1948.01.18　雨果的胸像
- 033　1948.01.31　纪　蒙
- 038　1948.02.09　《地狱之门》

041	1948.02.28	德斯比奥、布尔代勒、麦约
047	1948.03.07	《加莱市民》
052	1948.04.04	"说不清楚的"
055	1948.04.08	现代美术
057	1948.04.21	宗教和艺术
060	1948.05.04	法兰西大教堂
062	1948.05.07	石雕教室
064	1948.05.08	法兰西性格
067	1948.05.09	法兰西的乡野
070	1948.05.10	做勤苦的学徒
073	1948.05.12	外光雕刻
076	1948.05.20	罗丹的美学
083	1948.05.21	罗丹的文章
090	1948.06.13	布尔代勒美术馆

093	1948.07.20	罗丹的重要性
101	1948.08.05	"这是一个老人"
104	1948.08.06	诗人和雕刻家
107	1948.10.03	《果　神》
109	1948.10.19	《青铜时代》
112	1948.10.20	《青铜时代》和《大卫》
115	1948.10.24	雕像的题目
117	1948.11.05	美国雕刻家格力岑斯坦
119	1948.11.09	塑泥和生命
121	1948.11.14	塑造法
124	1948.11.20	罗丹和布尔代勒
129	1948.11.22	反罗丹
132	1948.12.14	神啊，你怎么办，如果我死去？
135	1948.12.17	维纳斯和夏娃

— *1949*

141	1949.01.21	肉　体
143	1949.01.22	中国人和雕刻
146	1949.01.24	兽　体
149	1949.01.25	潘　神
152	1949.05.02	莫当罗丹故居
155	1949.06.09	查德金
160	1949.07.16	从罗丹到今天
165	1949.08.26	巴尔扎克立像
168	1949.09.25	拉丁风
170	1949.10.03	朋友的离去
173	1949.10.13	极限情况
176	1949.10.19	关于人体
179	1949.10.21	希腊雕刻

185	1949.10.24	罗丹和邓肯
188	1949.10.27	生命的速写
190	1949.10.28	迦蜜儿·克劳岱尔
196	1949.10.29	爱
198	1949.11.01	双人小像
200	1949.11.02	克劳岱尔的《罗丹像》
203	1949.11.10	"疯　狂"
206	1949.11.19	导　师
209	1949.11.20	布尔代勒的《雕刻和罗丹》
212	1949.12.14	人体的诗篇
216	1949.12.15	《纳齐思和戈德蒙》
220	1949.12.16	"夏娃 —— 母亲"
225	1949.12.17	戈德蒙的雕像
228	1949.12.18	哲学与艺术的分野

234	1949.12.19	戈德蒙的死
237	1949.12.28	希腊雕刻家

— 1950

243	1950.01.06	罗丹和卡里叶
246	1950.01.29	少　女
249	1950.02.11	第一个工作室
252	1950.02.20	《教皇像》
254	1950.02.26	回　去
258	1950.03.28	面和侧线
259	1950.05.08	贝的母亲
263	1950.06.12	纪念碑雕塑
266	1950.06.14	李　谢
268	1950.10.27	俄里柯斯特

— 1951

273	1951.01.10	麦涅和罗丹

276	1951.02.03	雕刻家的生活
279	1951.02.04	罗丹的性格
283	1951.02.05	现　代
286	1951.02.08	临塑《行走的人》
289	1951.02.10	罗丹的浪漫主义和《行走的人》
293	1951.02.11	《行走的人》的年代
295	1951.03.04	一个日本人
298	1951.03.16	梁代墓兽
303	1951.03.17	马里尼
305	1951.03.20	《和雕刻家的谈话》
309	1951.05.23	《塞索司特里斯第三》
313	1951.08.07	生存意志
321		后　记
324		附录：罗丹年谱

熊秉明文集 一

关于罗丹：日记摘抄
Collected Works Of Hsiung Ping-Ming

前 言

我有意写一篇关于罗丹的文章已有二十多年了。一直未能动笔,原因很多,主要的一点似乎是觉得缺少一个距离。罗丹的作品曾在雕刻工作上给我以不断的提示,并且在生活上也给我以不断的提示,他的作品混入我思想感情的曲折发展中,使我无法做一篇较客观的评述。

但是,现在不能再拖下去了,我必须写出来。我以为我的一些想法和经验可能对于现在尚年轻的艺术朋友有一点用处,就算这用处是极微的吧,甚至也许他们会觉得过时了,可笑了,至少这是一个中国忠于艺术的学生20世纪40年代、50年代在欧洲学习经过的记录,关心这时代海外中国知识分子精神面貌的人总也会发生兴趣的。

　　于是，我想把学习时代的反省搀杂着当时一些生活经验以日记的形式写出来。第一步便是去寻出旧时的日记，把有关罗丹的部分择抄下来。在择抄的时候便发现对于这些记录要做很大的整理修改。同在一天之内便得有所增减，有的地方不做适当的补充，旁人读起来是不会明白的，有的事情和罗丹的关系太远，只能删去。但是什么该删，什么该增，也颇费斟酌。增加多了，怕歪曲当时的实情；删减多了，只剩议论，则又失掉日记的本色，所以整理起来，竟很费一些事。

　　在最后誊清时，我觉得自己似乎在试写自传的一章，如果从这方面去要求，是很不满意的，因为只截出有关罗丹的段落，要看生活的痕迹，毕竟遗漏很多；如果当作我对罗丹的评介，则又显得支离零碎，很不完整，竟也是不能满意的。现在我只能希望从日记的角度看，保存了生活和工作的一些片段，从评介的角度看，对旁人还有少许参考用处。文中有些话和我现在的想法不免有差异了，为着保持一定的忠实性，也只能由它去，1951年之后，日记里提到罗丹的地方便甚少，所以择抄到这一年8月为止，虽然他给我的启示并未完全中止。

熊秉明

新版序

天津教育出版社将为《关于罗丹——熊秉明日记择抄》出一新的版本,我十分感激,他们希望我加一新序。我一时觉得可说的话很多,不过个人的感触,写出来没有什么必要,或许可以加一点资料性的补充。

本书的内容是1947年至1951年的部分日记,在1982年以罗丹为主题删摘、整理而成,整理过程中在几处加了"今注",因为日记中的人与事过了30年当然有了新的进展。读者可能有好奇,想知道这些。现在距"今注"又20年了,再做一次补充吗?我试着写了许多页,半途而废,觉得这些补充和主题并不关紧要,还是让它们远远地隐在背景的地位。

至于主题人物罗丹与世人的关系,确也发生了许多变化，近二十年来，西方文艺界又对罗丹发生很大的兴趣，特别是对他的事迹。关于他和他的学生兼情人、模特儿和助手迦蜜儿·克劳岱尔，出了许多书，并且把他们的故事拍了电影。至于罗丹的雕塑曾空运送到大陆观众面前，迦蜜儿·克劳岱尔的雕塑也曾空运送到台湾观众面前。这是50年前人们梦想不到的。要记下这些，不如去写一本新书，我终于决定在文字上不做任何补充。

这本书先在中国台湾出版，后又在大陆出版过。每次的编排、插图、装潢、印刷……都有所不同。我长住巴黎，对于这些具体的出版工作无法直接参加意见，每次都带给我一些惊异。今年6月间我到北京，和天津教育出版社的三位编辑见了面。他们带来封面设计和书页样本，从中看出，他们在工作上的热忱和敬业。我有非常的好奇等待这新版的面世。我也以十分期待的心情想知道当今中国读者，尤其是年青一代，对这本书的反应。

熊秉明

2002年7月

熊秉明文集 一

1947
关于罗丹：日记摘抄
Collected Works Of Hsiung Ping-Ming

1947.10.17
毕龙府 —— 罗丹美术馆

罗丹美术馆在巴黎第七区一条清静的小街——梵安街，距葬拿破仑的安瓦里德很近。在花园里可以向西望见那边金色的圆顶。

美术馆旧称毕龙府（Hôtel Biron）。路易十五时代，一个外省来的暴发户取得了贵族爵位，在巴黎修建了这座府邸，其华美羡称一时，后来被大元帅毕龙公爵购得，从此留下"毕龙府"的名称。

不过这光荣的史迹和美术馆的实用价值却是两回事。

陈列室仍可以看得出是住屋的形式，本不是为陈列雕刻设计的。门、窗、砌在壁炉上的大镜、炉座的雕花，都妨碍这些雕刻。那些雄强而带悲剧性的雕刻固然和宫廷时代的装潢格格不入，但大理石的细腻柔和的女

毕龙府——罗丹美术馆

像则又因受到这些奢丽而沾染了俗世的气息。至于采光，那些落地窗虽然很大，但数目太多，许多雕像置于窗前，外光从背后射过来，让人只见得一个模糊的黑色剪影。而且这些门窗以及壁上的花边侵入雕刻的形体，实在有碍欣赏，雕像的四周应该环绕着一片绝缘性的空间。

在20世纪初，这座白石两层楼的华贵建筑曾住过不少艺术家：画家马蒂斯、舞蹈家邓肯、诗人科克托。后来是奥地利诗人里尔克来住。1908年8月31日，他写信给罗丹，盛赞住室的敞亮和废园的野趣，说是不时可以看到野兔在花棚间蹦跳着蹿过去，"像一幅中古壁毯织绘的景象"。罗丹见到后非常喜爱，也即迁入。他逝世后，改为陈列他遗作的美术馆。现在的花园，不消说，修饰得井然，不可能再发现什么蹿跳的野兔了。

1931年，我随父亲来巴黎，住了两年。在这期间，父亲完成了数学专业国家博士论文，我在拉丁区一所小学读书。那时父亲曾带我来参观过罗丹美术馆，我记得很清楚。现在重访，觉得一切熟悉得很。露天放着的《地狱之门》《加莱市民》……室内的每一件作品，位置都和十五六年前相同，连园里的玫瑰花也仿佛和从前一样，但是我自己的眼睛颇有了改变。

我记得那时候自己很喜欢大理石的雕像，石质的洁白细润，吸引我偷偷地伸手去抚摩，形体的朦胧感使我觉得它们笼在美妙的梦境里。我还喜爱墙上卡里叶（Carrière）的油画。题材是母亲和孩子，他们在黎明或夕色中相亲、相吻、相拥抱，也许由于我自己远离母亲的缘故吧，看到那些在光影掩映中半闭的眼睛、梦幻的额、孩子的腮、母亲的手，受着几乎要哭出来的感动！……今天又立在这些画前，觉得它们的话好像没有说充分，是的，我的眼睛改变了。我觉得卡里叶的画太清浅，不再给我满足。他显然受伦勃朗（Rembrandt）的影响，但伦勃朗的画更深沉、更浓密、更丰富，包含的内容更不可测度。我也不再喜欢那许多大理石的雕像，尤其那些伯爵夫人之类的女像，她们媚笑作态，好像凭借了大理石的晶莹而沾沾自喜。雕刻家也好像有意把她们的面容刻得迷离姣好，很有讨好她们的嫌疑。

现在我喜欢的是铜像。我觉得最有表现力的是一群比实际人体稍大的立像：《青铜时代》《施洗者圣约翰》《行走的人》《夏娃》《三影》……

最令我神往的是《行走的人》。没有头，也没有两臂，只是巨大坚实的躯干和跨开去的两腿，那一种奋然迈步的豪壮的姿态，好像给"走路"以一个定义，把"走路"提升到象征人生的层次去，提升到"天行健"

1947.10.17　毕龙府——罗丹美术馆

的哲学层次去，处理手法的大胆也达到淋漓尽致。

我也极喜欢《夏娃》。在伦敦见到伦勃朗的画，我忽然觉得："我懂得什么是基督教精神了！"在《夏娃》面前，我有同样的感觉，她带着怯惧和大爱接受人生的苦难。

罗丹用很大的气力塑造了《雨果》和《巴尔扎克》。正像罗曼·罗兰为米开朗基罗、贝多芬、托尔斯泰写的传记，他使我们清晰地看到这些创造者的面貌。

花园里立着《地狱之门》《加莱市民》《思想者》……

罗丹美术馆的花园

都是铜质的,可惜在露天的状态下让风雨侵蚀得斑驳不堪。雨水在铜面上画出绿锈的一条一条纹路。罗丹的雕刻表面本就留有刀痕指迹,再加上这许多斑渍,大大干扰了雕刻的整体感,走近,退远,一样看不清,好像勉强去辨认漫漶的碑文。

1947.10.23

"他是一切"

午后,在图书馆读里尔克到巴黎后给他的妻子克拉亚的信札。诗人初到巴黎时,还不能让自己的步伐适应陌生的紧张的大都市的节奏,在这顷刻万变的海洋上,他找到了一个可以立足的岩石,那就是罗丹。他说"罗丹是一切"。

战栗着的力量从雕像内部涌起,大欢喜浸入你,这是我所从未想象过的生命的强力……过去的恬静憩息的时刻、森林里和海滨的日子、生活的引诱、做过的梦,都能算什么呢?在这一片森林与海之前,在这一个坚定而沉重的眼光所含有的不可述说的充满信心的平静之前,在这样一座健康与笃信的建筑物之前?……

他是一切,绝对的一切!

所谓"他是一切",那意思是说罗丹用了那么多千变万化的雕像,给我们看人世可悲可喜、可歌可泣、可爱可怖的种种相,并且让我们看见生命的真实和艺术创造的意义。在罗丹的双手和塑泥的接触中,里尔克看见创造的进行、创化的秘密、神的创造的实证,于是懂得诗的意义和诗人的使命。

1947.11.11
《行走的人》

康德第三批判[1]中有：

自然之所以在我们审美判断中成为壮美，不是因为它激起恐惧情绪，而是由于它能唤醒我们自己的力量。

自然界的巨大体积或力量，通过想象力唤起我们内在的精神力量来和它对抗，而我们的无畏、战斗和胜利引起踌躇满志的快意，这就是康德所说的崇高感，或者说壮美。说风暴的壮美，其实是歌唱我们自己在

---
[1] 即《判断力批评》。

风暴内迈进的勇猛。如果不能胜过风暴,不能坦然纵观天地骤变的景象,是不会说出"壮美"的话来的。

《行走的人》所表现的正是这一种精神状态,人超越自然力而岸然前行,任何自然的阻力都抵挡不住主体精神力量的显现。

《行走的人》迈着大步,毫不犹豫,勇往直前,好像有一个确定的目的。人果真有一个目的吗?怕并没有,但不息地向前去即是目的。全人类有一个目的吗?也许并没有,但全人类亟亟地向前去,就是人类存在的意义。雨果说:"我前去,我前去,我并不知道要到哪里,但是我前去。"

1947.11.28
里尔克的《罗丹》

费小姐从布鲁塞尔寄来两本书,可都不是里尔克的《罗丹》,大概是遗失了,用另外两册来抵偿,并表示歉意。其实不必抵偿,不过这遗失实在是可惜的。在来欧的苏格兰皇后号邮船上借给她的时候,曾告诉她要小心。

1943年我被征调做翻译官,一直在滇南边境上。军中生活相当枯索,周遭只见丛山狭谷,掩覆着密密厚厚的原始森林,觉得离文化遥远极了。有一天丕焯从昆明给我寄来了这本小书:梁宗岱译的里尔克的《罗丹》。那兴奋喜悦真是难以形容。大学二年级的时候曾读到里尔克的《给一个青年诗人的信》(冯至译),受到很大的启发,好像忽然睁开了新的眼睛来看世界。

这回见到里尔克的名字,又见到罗丹的名字,还没有翻开,便已经十分激动了,像触了电似的。书很小很薄,纸是当年物资缺乏下所用的一种粗糙而发黄的土纸,印刷很差,字迹模糊不清,有时简直得

罗丹《晨曦》

猜着读,但是文字与内容使人猛然记起还有一个精神世界的存在,还有一个可以期待、可以向往的天地的存在。这之后,辗转调动于军部、师部、团部工作的时候,一直珍藏在箱箧里,近乎一个护身符,好像有了它在,我的生命也就有了安全。

我现在能够徘徊在罗丹的雕像之间了,但是那一本讲述罗丹作品的印得寒伧可怜的小书,白天操练战术,演习震耳的迫击炮,晚上在昏暗的颤抖着的蜡烛光下读的小书,竟让我不能忘怀。

熊秉明文集 一

1948
关于罗丹：日记摘抄
Collected Works Of Hsiung Ping-Ming

1948.01.10

《艾玛神父》

灯下翻阅今天买回的《罗丹雕刻集》。第一幅是《艾玛神父》，雕像刻画得严谨和深入，令人震惊，参观罗丹美术馆时却并未注意到。这雕像在1863年做于修道院中，那时罗丹只有23岁。故事是这样的：罗丹有一个姐姐玛利，爱上了罗丹的一个画家朋友，不料这画家和另外一个少女结了婚，玛利悲伤失望，于是入修道院发愿为修女，不久竟郁郁病故（1862）。罗丹深爱阿姐，因为她赏识弟弟的才华，在罗丹的艺术道路上，她是第一个有力而热烈的支持者。姐姐的遭遇和逝世给他很大的打击，就在这一年他也进了教会，成为"奥古斯特兄弟"。但是作为他的心灵导师的神父艾玛，却懂得罗丹的生命道路是艺术，终于劝动他还俗。在

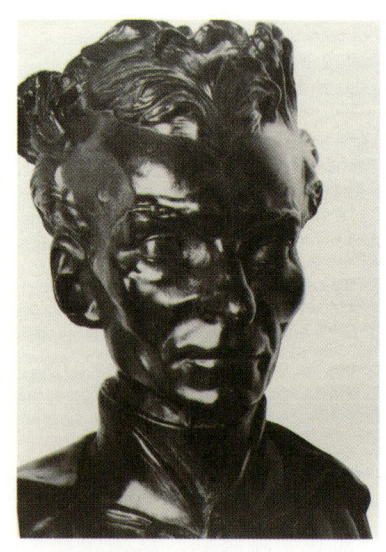

罗丹 《艾玛神父》

修道院中罗丹塑了《艾玛神父》胸像——这是罗丹签了名的第一件作品,也是他自己的风格有所显露的第一件作品。

罗丹的修道院生活很短促,梵高的宗教生涯长得多,但是他们的宗教情操都是不可忽视的。激烈的宗教感使他们将生命与艺术都看得极严肃,艺术与生命不可分。献身教会有一定的象征意义,忽略这一点,便不能透彻地了解他们,也就不能充分了解西方文化许多重要的关键。

《艾玛神父》让我想起梵高的《波舍肖像》，那是我非常喜欢的一幅肖像。两个模特儿同属一个类型，都是干而瘦、硬而纯、平凡而坚定、严肃而仁慈，在世间属于无盐那样角色的人物。瘠薄的面肌紧绷在突起的颧骨上，两颊被太多的忧患拉扯而陷落下去，额骨高而阔，眼睛大而明亮，流露爱的凄悲神色。这是宗教感很深的性格，似乎专为了走艰难坎坷的道路而到人间来的。

中国人很容易嘲笑西方人的宗教信仰，嘲笑他们给神赋予了人的形象，嘲笑他们的天使长着鸟翅，神长着大胡子；其实应该说，西方人把人提升到神的神圣层次去，正像我们给云烟、林泉赋予崇高神秘的意义。

1948.01.18

雨果的胸像

午后参观雨果纪念馆。

亨利四世时期（17世纪）的建筑围成口字形，中央一个百米见方的广场，辟为花园。高大而此时只剩深黑秃树枝桠的苦栗，环着一座白色石雕的路易十二骑像。四周的建筑一律是三层楼房，典雅不华，屋顶坡度很斜，覆着灰青色层岩片，墙以白石和红砖相间砌成，行人走在穹拱的廊道下，极有风味。纪念馆的入口就在一个角落里。1832年到1848年，雨果曾住在这里。

陈列品中有些似乎是不必要的。比如某年某月某日剪下的一束头发，这实在和雨果的精神没有什么必然关系，我想中国人大概不会把一个大人物的头发剪

罗丹 《雨果胸像》

下一束陈列起来的。

陈列品以小说插图最多,但是精彩的却少。真正有意味的倒是诗人自己所做的素描,笔触奔放,黑白对比鲜明,大片的天空总是不平静的,有白日和乌云、夕照和骤雨、风暴和暗夜,充满他的浪漫主义的气氛,那许多参差巍峨的古堡楼阁更富戏剧性。

罗丹所做的雨果胸像真的是收揽了诗人八十多年(1802—1885)的风云事迹,陶炼熔铸在一尊雕塑上。

1883年,雨果已经81岁,一个把个人的命运和时代的命运绾织在一起的大诗人已经即将走完坎坷多彩的一生,他自称是"这个世纪的儿子"(《秋叶集》)。有人称19世纪为"雨果的世纪",这时距他逝世只有两年。罗丹呢,43岁,另一个巨人的战斗生命的初期。

罗丹 《雨果纪念像》

两个人相遇了,罗丹着手为雨果造像。

老诗人并不知道这雕塑家是谁,他是不太客气的。他在当时是已具有神话性的人物。他说:"我不妨碍你工作,但是我得预先告诉你,我是不会安安稳稳地坐着的。我不会为你改变我的生活习惯,你自己想办法好了。"

雨果照常在客厅里会客,罗丹画了60幅角度不同的速写,至于雕刻时,雕塑架只能放在凉台上,罗丹得两头跑。据他回忆,有时候在跑向凉台的途中,脑子里的印象忽已模糊,只得又折回客厅去。

但是也许正因为老诗人不能安定地坐着,罗丹凭借他的观察、记忆和对老诗人的崇敬,创造性地塑制出可以和雨果诗篇相伦比的胸像来。

前倾沉思的额头像一块高山上将坠的大石,或者一堵古老危立的城垣,这是雨果诗中描写的额:

有愤怒在沸腾的额。(《恐怖的年代》)
思想在燃烧的额。(《恐怖的年代》)
光辉四射的额。(《静观》)
受启示的、思想的、裁判者的额。(《静观》)

眼睛下视,好像从什么峰顶高处俯瞰人世,倾听"世纪"的声音,看"可怜人"的辗转。眼光沉郁得厉害,眼皮是老人的,挂塌着,凝视这可歌可泣的世间已经太久了、太累了,这是"炽烧的眼睑"。

两肩耸起,向前像要围捕什么,前胸陷落下去,肌肉峥嵘起伏,那下面有心潮的汹涌。

> 浪涛啊!你们有多少悲惨的故事!(《海洋上的黑夜》)

丰盛的大胡子突出生命力的充沛:

> 像四月的急湍,胡子是银色的。(《世纪的传奇》)

这急湍像从山峦间泉涌出来的高歌,凝冻成旋涡状的水花。

在罗丹美术馆可以看到好几座全身裸着的雨果,立的、坐的、迈行的、有精巧的女神环绕的,但我更喜欢这孤独的胸像。这断躯有比全身像更为壮阔的节奏在回荡。这是从大宇宙的波涛中割截出来的一段,而我们可以感觉到其浩瀚无穷。在全身的坐像里,因为有了手,有了脚,他的存在也就有限地局囿在一个人的平常形象之中了。即使罗丹在雨果的前后增加过年轻的女体,称为《沉思》《内在的声音》《悲剧女神》……但这些轻盈的女体只徒然使整个雕像变得复杂、多话而已。

倒是裸体的大步走着的雨果是很足撼动人的。老年的躯体衰颓了,但仍旧庞然而厚实;迈行艰难了,但步履仍然沉着。没有《行走的人》那样猛壮,没有《施洗者圣约翰》那样稳健,没有裸的《巴尔扎克》那样傲岸。雨果深深地垂着头,费力地跨开步,身体那已经松弛

罗丹　《雨果头像》

罗丹 《雨果胸像》（侧面图）

的肌肉、扭结的关节上写着八十多年战斗的痕迹。这确是写出了《世纪的传奇》《撒旦之死》《做祖父的艺术》的老诗人。

    海长啸、浪滚滚，

    地平线上，喧嚣在布散，

    诗人，守候者，步上他的高塔。

                  （《恐怖的年代 —— 四月》）

1948.01.31

纪　蒙

午后巴黎大学美学教授巴叶（Bayer）先生率领美学班同学七八个人访问雕刻家纪蒙（M. Gimond），他的工作室在巴黎城北。我们都不知道纪蒙是谁，只听到巴叶先生介绍，说是巴黎美术学校的一位教授。50岁左右，右脚跛着。手很大，手指粗短。体格壮实，但面容却是瘦硬的轮廓。鼻梁和下颚都明显地向右倾斜。下颚围着一带棕色花白、窄边的荆棘一样的剪短的乱胡子。略似梵高所画的画家波舍（Boch）的肖

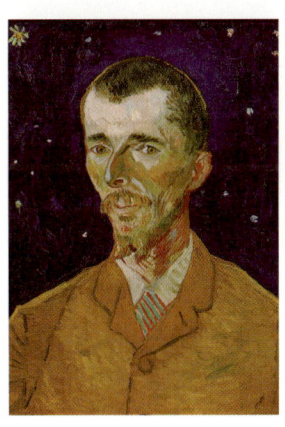

梵高《诗人波舍》

像，是属于激烈倔强、有愤世嫉俗倾向的一种类型。额头露着棱角，刻着很深的纹路。眉檐下，眼光灼灼，藏着压抑不住的话语。是一个真正艺术家的热烈性格，诚恳而艰苦地工作的人物。

在一个真的艺术家的面前，非艺术家都多少显得单薄、飘忽、胆小而幼稚，尤其在他们怯怯地发问，怯怯地透露自己的意见的时候。他们的意见显得苍白，无根据，连巴叶教授的也在内。遇到和旁人意见不同时，纪蒙是不会客气的，口吃着呼呼地叫："哪里！决不，绝对不！"

他滔滔不绝地谈，广泛地谈。埃及、希腊、哥特式（Gothic）、罗马式（Roman）、中国、印度、黑人面具、罗丹……他非常拜服于罗丹，自己认为是沿着罗丹—布尔代勒的雕刻发展道路走出来的。关于雕刻本身，

纪蒙《尚潘海夫小姐的头像》

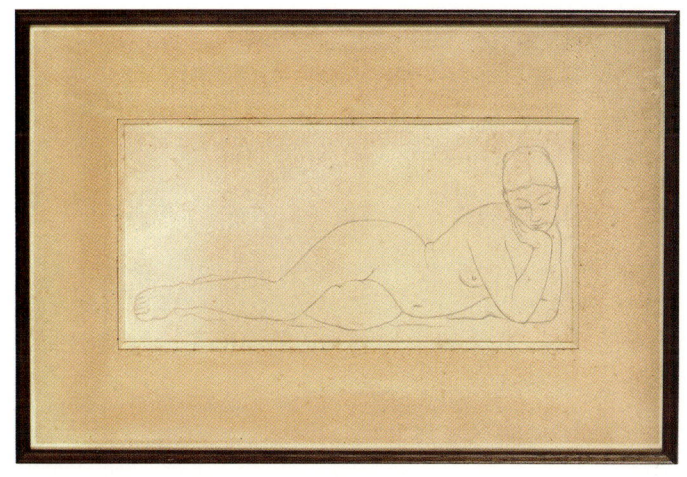

纪蒙 《修长的女子》

他谈到光和面、内在结构、比例与节奏、宇宙空间的感觉（Sentiment Cosmique）……他谈到雕刻和哲学的关系，引用了波德莱尔的话，说艺术上的规律也就是"精神存在的组织规律"（Règle de l'organisation de l'être spirituel）。他反对通过解剖学去制作人体，认为真的雕刻和肌肉与骨骼的解剖不相干。

我真希望大家都静下来，倾听这个已将生命的三十多年献给雕刻的人的谈话。有的议论也许不免偏激，但毕竟是一个热烈地、勤劳地工作的人的自白。

讲述中,他不时伸出手,指着壁上、架上陈列的收藏品,黑人面具、埃及小像、中国佛头、希腊小像,引来作证,并努力要把我们带到那一个光辉神奇的世界去。

的确,那些作品精粹极了。我悄然退到后面,抬头仰望那些数百年前、数千年前的艺术,我感受到受棒喝的震撼,我开始悟到他的话的说服力不是偶然的,他有哲人的睿智和雕刻家的慧眼。他所选来的雕刻都是第一等的杰作,一座一座,凝定、尊严,而又生意盎然。即使最小的,可以放在掌里的雕像,也都具有凛然不可侵犯的、不可摧毁的、永在的理由和硬度。我似乎骤然懂得什么是雕刻,什么是雕刻的本质,什么是雕刻的终极目的。他给我上了极重要的一课。

最后他让大家看他自己的作品。他的收藏使我们的眼力变得那样锐利、那样敏感、那样严格,我们只得用最高的鉴赏标准来裁判。而我们同情他的努力,也窥见他的失败。纪蒙自己的作品是过分"雕刻的"了,太用力、太着意、太矜持;缺少变化,缺少自然流涌的滋味。他懂得雕刻的最高境界,但是自己要做到,

纪蒙 《斜卧的女子》

却不容易,真可说是在"和天使搏斗"。

我想起《圣经》里的故事。耶稣走过加利利,西门和安得烈正撒渔网。耶稣说:"来跟随我,我要叫你们得人如得鱼一样。"他们即刻舍下网,跟从了他。今天我遇到一个真雕刻家,我将站起来,跟他去么?……

1948.02.09

《地狱之门》

1880 年，罗丹 40 岁，这还是他雕刻生涯的初期，他开始有了制作《地狱之门》的构想。

在这之前，1876 年他制成《青铜时代》；1877、1878 年他制作了《施洗者圣约翰》和《行走的人》；1880 年他制作了《亚当》《三影》《思想者》，这三座雕像可以说是罗丹作品中气氛最为沉郁的。法文有一形容词是 Dantesque，"但丁风的"，指一种阴森、怪异、神秘，属于另一世界的奇象。这是但丁所描写的地狱的景象。罗丹的这三座像诚然是"但丁风"的。这时期大概他沉浸在《神曲》的阅读里，在这一年他想到塑造《地狱之门》是很自然的。

《地狱之门》的成败，至今人们还议论纷纷，没

罗丹 《地狱之门》

有定论，也不必有定论吧。《地狱之门》给人以庞杂纷乱的感觉，但有一点是可以肯定的，"地狱门"成为后来罗丹创造的主要泉源，许多作品都从这里脱胎。迦索（J. Cassou）在他所写《罗丹》中的话是对的：

《地狱之门》是和罗丹之后的艺术家以及理论家的观念相抵触的。它继续使我们不快不安，因为人不能用一些梦幻来建造一座门。它是一个伟大诗人的失败作品。然而对诗人自己来说，他需要这一草稿，需要把他最潜在的问题，基本谋划，闳肆的奇想所孕育成的伟巨而近于荒诞的形象摆出来，然后从这里趁热锻打出他的杰作。（第8页）

1948.02.28

德斯比奥、布尔代勒、麦约[1]

第三次去看保罗·克利（Paul Klee，1879—1940）画展。他是近代西方画家中真正打动我的。他理性地解析色彩，而色彩愈变得奇妙；他理性地解析形象，而形象愈变得神秘。他的理性好像就是最敏锐的感性。他冷静地分析现象世界、视觉世界、物的世界，而有诗的能、哲学的能放射出来。在他的画前，我

保罗·克利 《叽叽喳喳的机器》

---

[1] 麦约，即马约尔，法国雕塑家、画家。——编者注

布尔代勒 《安格尔像》

们的视觉和哲思同时得到满足，真是一种奇异的炼金术。

看后，顺便在现代美术馆楼下雕刻部走了一圈。

不再喜欢德斯比奥（C. Despiau，1874—1946）。他只在肤面上做功夫，不给人以深度的幻觉。那些女像经营得很细致，妩媚是有的，但只是浅浅的波动，短暂的甘味，不耐咀嚼。

布尔代勒（Bourdelle，1861—1929）相反，追求内在架构，表层即底层，面即立体。他的雕刻如铜筋铁骨，不仅是一种阳刚的美,并且有原始游牧民族的野性,有时不免显得过于粗暴。文学家法朗士(A. France)、画家安格尔(Ingres)的胸像都如拳师、斗士。他做了许多贝多芬像,额头上,肌肉扭结而缺少智慧,从那里似乎流不出绮丽的《田园交响曲》。

麦约(A. Maillol,1861—1944)似乎能兼具两家的优点,他所描写的女性的优美带有内在的强力,但是我不喜欢那里的笨重。三人之中,麦约有较多的现代风。这现代风是怎么来的呢?也许是因为女人的躯体已趋

麦约 《河流》

近机器的圆柱形。不过，把人体向机器方向变形，那么我更喜欢英国摩尔更为变形、更为几何化的人体。当然摩尔生于1898年，比他们迟二三十年，已是属于这个世纪的人物了。

19世纪末20世纪初法国出现了狂飙气质的布尔代勒，同时也出现了描写女性的典丽的德斯比奥，描写女性的丰实浑厚的麦约，这正说明法国人一时创造力的充沛吧。

德斯比奥 *Assia*

1880年前后出生的雕刻家都或多或少受到立体主义的影响了，他们是毕加索的一代（毕加索生于1881年）——

    Archipenko   1887

    Arp   1886

| 1948.02.28 德斯比奥、布尔代勒、麦约

Barlach	1870
Boccioni	1882
Brâncuși	1876
Braque	1882
Csaky	1888
Epstein	1880
Ernst	1891
Freundlich	1878
Gabo	1890
Gargallo	1881
González	1876
Lehmbruck	1881
Lipchitz	1891
Manolo	1872
Modigliani	1884
Pevsner	1886
Picasso	1881
Zadkine	1890

他们的雕刻都求摆脱写实手法，追求纯粹造型的效果。雕塑上的立体主义颇相当于绘画上的印象主义。印象派的色彩表现是"绘画性"的突出发挥；立体派的体积表现是"雕塑性"的突出发挥。他们的作品在雕刻发展史上有重要的意义，但是目前我觉得他们的绝大部分作品都只有装饰作用，在积木游戏式的摆布中讨生活，缺乏深刻丰富的内涵。

1948.03.07
《加莱市民》

罗丹 《加莱市民》

仔细看了《加莱市民》，有人说人物的排列紊乱，我不以为然。我觉得6个人物的组合关系可以比为一环形的号角，从左边深深垂着头，右手举起的人开始。那一只树枝桠杈样举着的手是整个群像的端绪。它伸向天空，好像要把握什么。是的，它在承接一个使命。命运的声音从这只手里吹进去，由此向后、向左，以顺时针的方向绕过外圈，回到中央，中央的老人和他的右边手里拿钥匙的人是号角的敞口，在这里发出响亮的殉难的哀歌。

每个人有不同的性格，而对死难演不同的角色。

第一个市民是序曲。突然做了人质，这是一个晴天霹雳。一只手离奇地被什么力量牵起来，一个最严重的生死问题落在这只伸起的手里。而手的主人却用力扭过头去，不敢面对现实，他被问题所压倒。他的头低低地垂着，眼睛看地，然而他也看不见地，他的眼光落在一个无底的深渊。这只手的处理可以说是神来之笔，很可以和贝多芬《第五交响曲》起首的四个音符——命运敲门的声音相比拟。我不知道罗丹当

罗丹《加莱市民之雅克头像》

罗丹 《加莱市民之菲埃纳》　　罗丹 《加莱市民之维桑》

时是怎样构想的，我也不知道我的解释是不是合他的意思。里尔克写道："手在空中张开来，放掉什么东西，好像给一只鸟以自由。"我以为这只手不是放掉什么，而是接受了什么，像花瓣承取夜露，像冬树之枝桠接取风与雪。

第二个市民是明智而镇定的，对别人充满同情和怜悯。他伸开两臂，好像邀伙伴前去："朋友，我懂得你们的恐惧，然而这是我们的神圣的任务，勇敢地接受它！"

第三个对别人的犹豫不前感到烦躁："喂！走出来，怕什么？"

第四个用两手抱着头，似乎要倾跌："啊！我不愿死，我有家，有孩子，我有还未完成的工作。容我平静一下，让我想一想。"

第五个是最坚定的，两手紧握着城的钥匙，闭紧双唇，两脚紧紧地踏在自己的土地上。他毫不犹豫地把自己的生命交出来。他要站着死在自己的土地上。

第六个是老人圣彼埃尔，有听命的平静，然而眉

罗丹《加莱市民之安德里厄》　　罗丹《加莱市民之让·代尔》

罗丹《加莱市民之圣彼埃尔》

宇荫翳着愁苦。他可以泰然就义,因为离自己安息的日子已不远,然而他愁苦着,似乎对城中的市民的安危还不能放心。对于自己的生命并不顾惜,他迈开沉重的步子,走向命运的路,走向殉难场,向那一个突然来临的难题,那一只高举着的离奇的手。

如果把《加莱市民》这题目给布尔代勒,他会做得更有纪念碑的意味,更雄强有力。我相信他不会做出那只奇异的伸起来的手,不会做双手抱了头的痛哭者;他不可能揭露个人内心的矛盾冲突。

1948.04.04
"说不清楚的"

文清昨天才到,今早便迫不及待地跑去卢浮宫。他也最欣赏提香和伦勃朗。午后我又接着陪他去看印象派美术馆。在现代画中他拜倒于莫奈(Monet),赞叹其笔触的老练和色彩的绚烂,尤其被画面上跳跃的创造的酣快所激动。他兴奋极了,晚上便借去画板和几支画笔,说明天便要画起来。很多精彩的画他都遗漏了,我也并不勉强提醒他,我明白他刚到,不可能一下子都接受,住下去,慢慢地他会看到其他的。

我告诉他下个月寿观也要到巴黎。他沉默了一会儿说:"今天的哲学家很难做吧。还是学艺术的好。画苹果、画山、画土庙、画自己的妻子……自己得到满足,别人也得到满足。看莫奈多么幸福!我们看了他的画，又多么幸福！"他充满天真的快乐，说今天一早在面包店看见穿白衣的卖面包姑娘的白皙皮肤："美透了，美透了！"

我告诉他我正考虑放弃哲学论文，从头开始学雕刻。他点起一支烟，用力地抽着："你老谈罗丹，不自己动手捏泥巴打石头，自己也不痛快吧？好像老谈女人，自己却不恋爱。"又说："不要搞哲学，不行的，说不清楚的。"他好像完全不觉得艺术和哲学在根底上是分不开的。

今注：文清的话有一半是对的，今天的哲学家诚然难做。真的哲学家已无存在的余地。但是另一半是错的，他以为画苹果、画山、画土庙、画自己的妻子便能满足自己，也满足别人，无忧无虑，他忘记绘画也是意识形态的表现。"文革"期间，他受到冲击，精神失常，自说画家浪费纸张是有罪的，每天到街上捡马粪预备造纸。屋子的一角堆满他用大衣口袋装回来的原料，屋里的空气和马厩一样。1979年我在昆明看到他，精神大致复原，他还清楚地记得当时的情形,说是曾经买了若干造纸的书籍,认真地读过。那时他的神情体态都已很显衰老,住在一所窄小破旧的四合院矮楼上,卧室堆满东西,像个贮藏室,几乎进不去。床上撒着一片屋顶上落下的石灰泥土,他没有去扫除,那上面放了一个陶瓶和一个土碟,说是美得很,正在画,自己则睡在旁边一张窄行军床上。在屋里行动,必须侧身擦着床沿,挤着桌边,并且同时用手扶着桌上山积的旧画旧报旧杂志,以免把它们整叠地带倒。他所说正在画的画,挂在墙上早已干透,色彩深暗,隐隐约约可以看得出陶罐和土碟来,古典的棕铜色,有他一向用色的深沉和细腻。可惜在国内,大概是没有人能够赏识的。我当时闪起个念头,想问他要,或者买下来,但是又胆怯地、多虑地把这念头排开了。

我们最后一次相见,送他出大门时,见他因气喘一步一步踽踽而去的背影,想起当年在法国时他有最天真快乐的心,不觉黯然。我回巴黎半年后,便接到他病故的消息。卒年64岁。没有儿女,妻子早在"文革"期间和他离婚。晚年寄居在弟弟家中。

1948.04.08
现代美术

午后我陪文清到现代美术馆看画，不到一个半小时，他在精神上就达到了完全崩溃的地步。他的脸色一向灰暗，此刻变为青白，眼睛本来不特别明亮，此刻完全昏浊，他坐下来，捧着头，不敢再抬起头来看墙壁。我没有料到他如此敏感。他是一个真的画家，现代艺术的极端倾向、粗暴的变形、咆哮的色彩、铁棍式的线条，他都比别人更敏锐地感觉到。这几天他正在赞美提香、伦勃朗、委拉斯凯兹，迷于莫奈、梵高、塞尚、罗丹……忽然面对了立体的、野兽的、表现的、超现实的……各种狂想与恶梦，他简直觉得是在受一次酷刑，我看得出他的心被踏碎在泥泞里，他的灵魂在滴血……他说要坐计程车回旅馆，我劝他沿塞纳河岸走走。他不断地说:"西方艺术怎么会变成这样?……怎么会变成这样?……"好像自言自语,又好像要我给一个回答。我不知道怎样回答他。因为有很多作品,我也不懂,也使我苦痛,使我愤怒。

马蒂斯 《奢侈》

1948.04.21

宗教和艺术

罗丹在姐姐逝世之后,伤痛绝望,进入教会,想做一个修士。如果没有艾玛神父的力劝,他会不会就真的把一生献给宗教信仰呢?在艾玛神父劝说时,他必有过苦痛的犹豫、彷徨吧。这时他22岁,正当生命

罗丹 《失落》

道路的开始,他该怎样选择呢?在做决定之前,有过多少失眠发烧的夜?

1883年梵高在给弟弟的信里说他怎样被这个问题煎熬:"我是画家?我不是画家?"这时他已30岁。

在他们那里,宗教其实就是哲学,宗教提出的问题就是哲学提出的问题。哲学与艺术之间该怎样选择呢?

我得在哲学和艺术之间选一个。我们今天似乎每个人只能做一桩事,从事一项职业。学哲学,或者学艺术;学画,或者学雕刻……游离子、两栖类,是不被容忍的。但是人的兴趣和工作能分得那么清楚么?米开朗基罗仅仅是雕刻家么?他不是画了西斯廷礼拜堂里壮观的壁画么?写过大量动人的十四行诗么?他的宗教意识比起雇用他的满怀世俗野心的教皇尤利乌斯二世又如何?米开朗基罗为尤利乌斯二世造像时,想在手里放一本书,尤利乌斯二世说:"书有何用?放一柄剑!"这样的教皇也能算基督信徒么?

伦勃朗只是画家么?罗丹只是雕刻家么?

其实在中国,书、画、诗和哲学又岂是分割开来的?

罗丹确是放弃了僧侣的黑袍,雕塑了一生;但是晚年他说"真的艺术家是人之中最有宗教感的",又说"如果宗教不存在的话,我也会创造出一种宗教来"。

昨夜拟一信给苏里欧(Souriau)教授,说明我为什么放弃论文。睡时已经三点钟。

1948.05.04

法兰西大教堂

读罗丹的《法兰西大教堂》。他总是把艺术和生活密切地联系起来，谈建筑时并不说抽象的石质的构架。比如他在默伦（Melun）一个古教堂里的感受是：

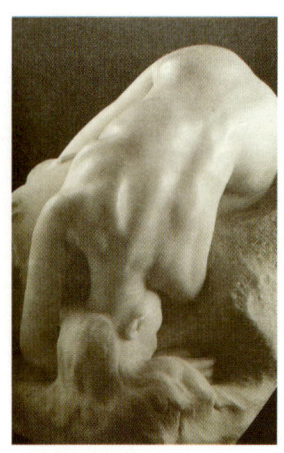

罗丹《达纳依德》

唱诗廊附近的两根柱子，同立在一块基石上，像两个天使。她们有风发得意的神态，她们为力与纯洁作证。她们从建筑物的沉重中借得说不出的轻盈——带着不断增长的爱去欣赏,我进入她们的性格,贞纯与力的氛味浸染我。我的灵魂的青春又苏醒过来。我又受到一次洗礼,而后我感到更大的幸福,更倾倒于神的光荣和人的天才。(第82页)

他在看大教堂的时候也不忘记看在其间活动着的人:

教堂里看到的一个法兰西姑娘……

一小束铃兰,在一袭新制的衣裙上,肉欲在这青春的线条里尚是陌生的。怎样的谦逊的优美啊!如果她会懂得观察自己,那么她将在自己的面貌中,看出我们的哥特式教堂的穹门的长弧。她是我们的风格,我们的艺术,整个法兰西的化身。(第38页)

在大教堂里,所有的女人都是抒情诗神,她们的一举一动都趋向美,建筑把壮丽光辉投给她们,像感激的献品。(第90页)

1948.05.07

石雕教室

　　午饭后，有人叩门，是寿观，激动地紧紧地握了手，他终于到巴黎了。和他同来的是一个美国青年人，据说是毛姆（Maugham）养育出来的一代，和他从上海同船来法。没有多谈，陪他们在拉丁区找到了旅馆便分手。我得去美术学校看石刻教室教授索必克先生。这是听了雕刻学生杜费尼的劝告，准备先在这一教室学一学打石头的技术，他认为学雕刻必得从打石头入手，我想是对的。

　　到了教室颇吃一惊。教室不大，左左右右全是石头、石像，半是石头的石像，半是石像的石头。可以走动的空间不多了，而这空间的地面上铺满了一层碎石渣，走上去，凄凄喳喳地响。空中飘着石屑的粉末，同学们的工作服上、鞋上、木屐上、头发上都覆着一层白粉。他们敷着粉末的脸都极善意，笑着。但是仿佛受了石头的影响，不是很多话的，并且在"叮叮"的锤声里，交谈也很吃力。我感到有些不安，这一种雕刻室的空气是我所未料到的，和哲学课堂上的气氛太不相同了。米开朗基罗、罗丹的雕像都是从这样的混乱、迷惑、贫瘠干枯、坚硬粗糙的物质世界中产生出来的么？想到我必须从这石头堆里辟出一条路，而这些石头极硬，这条路极长，不免心里一悸。忽然想到苏格拉底年轻时代也曾打凿雕像，觉得我并不是完全的陌生者……

教授是个魁梧而和善的中年人，要我下星期三带素描给他看。

我知道寿观会从哲学学生的立场，以哲学思维的雄辩带着知交的情感，企图把我拉回哲学去，但是给苏里欧教授的信已发出两个星期了。

1948.05.08
法兰西性格

罗丹在《法兰西大教堂》里常提到"法兰西性格":

法兰西的大教堂是从法兰西民族性格中产生出来的,我说过。所以,如果不了解,不欢喜这性格,也就无法了解,无从欢喜它们。

如果你不能体味克劳德·洛兰(Claude Lorrain)、柯罗 (Corot) 所了解、所喜爱、所要表现的那一片土地,你们会了解、喜爱他们的作品吗?

看绘画之前,先得说风景;说到风景,我们得到外省去、小城市去。到大城市是不行的,尤其是巴黎。科学和工业把巴黎抽空了,撕毁了。到远处去,外省尚保存着审美力和风格。(第18页)

他还写道:

　　大教堂是一个国家的总合,我再重复一遍,岩石、森林、庭园、北省的太阳,这一切都浓缩在这一个宏伟的立体中,我们的整个法兰西都含藏在大教堂里,就像全希腊都浓缩于帕特农神殿。(第12页)

克劳德·洛兰　《席维亚森林中射鹿的阿思卡纽斯》

克劳德·洛兰 《日出》

　　奇怪的是罗丹只提出克劳德·洛兰和柯罗两个人，他们都是画家，他们的林野、池沼有细腻温柔的抒情趣味，确实可以说是法国温和优美的地理环境所孕育出来的品质。但是法兰西性格并不限于此，就罗丹自己也不然，他有沉郁阴暗的一面。

| 1948.05.08　法兰西性格

1948.05.09
法兰西的乡野

法国中部,罗亚河流域的确是美的。而罗丹带着怎样的激动述说罗亚河岸啊!

罗亚河,我们法兰西的动脉!

光明的河流,恬静幸福的生活的河流!

今早的谧静延伸到最遥远的地平线。一切都在憩息。到处是舒缓和秩序,到处,幸福是灿然可见的。晴朗的日子特有的带色的芬芳的薄霭。

除了这地方,人到哪里去寻找大气与日光的平匀,使人感到平安、抚慰?(《法兰西大教堂》,下同,第29页)

他写着:

　　我不曾去过印度、中国……但是我爱法兰西的乡野。就算有人疑心我有偏爱,我也会如此说。

　　法兰西的地平线,何等精美微妙!广阔中含有温和的单调,就像仁慈的心,可以启发智慧,并把生活中每一个行为转化为喜悦。田野里的生活有节奏,有分寸,就在那里,存在着民族的特性,

柯罗《蒙特枫丹的回忆》

1948.05.09　法兰西的乡野

柯罗 《阿夫赖城》

民族的才华,有朴质中的善,有大智的从容不迫,即使坏的事物在那环境中也变为好的。思想接触到大地,以更健康的形式回到我们身上。农人是不急躁的,他以世纪的步伐走路。(第 100 页)

我不能不想到我的故乡了。

1948.05.10

做勤苦的学徒

我们仍然名之为审美力。我们的审美力，为什么这样含糊，这样薄弱？那是因为我们生活在一个关心物质而漠视精神的时代，艺术里的审美已被排斥。人们不屑为这方面下一点实实在在的力量。我们那些所谓的艺术家既然不肯认真学习，他们怎么可能在修复哥特式古迹中，带着崇敬处理这许多美妙的生命的张本？他们把应该开向光亮的地方堵塞起来。

要学习！就得慢慢来，逃开这纷扰的世纪，并且不要存沽利致富的心。

我们已经没有学习的时间，没有勤苦的学徒。工匠们，虽然他们自己曾受到做学徒的益处，却

罗丹 《散发女》

没有培养新的学徒。世代相传的连锁已经断了。工作！还有人工作吗？是的，还有的——可是，有什么用？人们说，工作了，也还是得不到报偿。

你们错了！工作给予幸福，这是第一点，还有：工作引导我们认知神，也许是透过纱幕。——并且对于真的工作者，工作消减忌妒。懂得工作的价值的人会超越卑下的情操，赞美同行者的成就，他对留下作品与尝试的天才表示感激。工作使人不断回到青春，使我们接近动物——我们真正的兄弟，使我们接近树木，以及一切植物，从最卑微的到最繁复的。(《法兰西大教堂》第97—98页)

上午在"大茅舍画院"画油画人体，午后到道乾那里为他塑像。约了雕塑同学杜费尼来看，他觉得不错，但也不客气地做了一些改动。怕是还要做三四次，才能浇石膏，然后带去给石雕教授索必克先生看。

1948.05.12

外光雕刻

在《法兰西大教堂》中罗丹赞赏希腊帕特农的雕刻,说那是浸在外光大气中的作品,并且认为哥特式时代的雕刻也有同样的品质。他又说:

> 我的《巴尔扎克》不是使我接近你们一些吗?希腊的大师,哥特式的大师。别人可以随便去议论,但是这件作品确是向外光雕刻的方向走前一步吧。
> (第165页)

我对他的说法不免怀疑。《巴尔扎克》的塑造法和罗丹一向所用的技法并没有基本不同的地方。这立像能不能算成功的外光雕塑,我很怀疑。《巴尔扎克》

不是石质的,单这一点,就和希腊、哥特式的雕刻有很大的分歧。

罗丹的雕刻不属于外光,不适于放在广场上、阳光里,这倒并不影响他的雕刻的真价值。他的雕刻是属于室内的,让人走近静观、冥思。也正是这个原因,能够激发那么多诗人、文学家写下那么多文字,到现在仍然吸引世界各地那么多年轻的,以及年老的人来俯仰徘徊。

罗丹之后的一代雕刻家多是追求外光的。布尔代勒的雕刻可以放在狂风暴雨里,麦约的雕刻应该放在地中海边的阳光里。奇怪的是布尔代勒所教出的下一代却又是室内的雕刻家:贾科梅蒂(Giacometti)、李谢(Richier)、俄里柯斯

罗丹《穿修士长袍的巴尔扎克》

特（Auricoste）……他们所做的形体虽然具有内在结构，但是表面残破，暗示现代心灵的悲剧，又只能放在室内了。从纯雕刻发展说，他们对老师布尔代勒做了反动，返回罗丹的局部分析；从思想内容说，应是第二次世界大战对欧洲人精神伤害的反映。

1948.05.20
罗丹的美学

黑格尔《美学》第一册《艺术的科学》一章简略介绍过去的美学理论,所述希尔特(Hirt, 1759—1837)的理论颇接近罗丹的看法,他们共同提出一个观念是"特征"。

根据他(指希尔特)的说法,美是看到的或听到的,或想象里的事物所能达到的或已达到的完善。他又给"完善"一定义:合乎一个确实的目的,此目的是大自然或艺术家在创造时给予的,此事物当在其类族中取得完善。要对美给一判断,我们应当尽可能把注意力集中于事物的"特征",也就是说集中在此事物之所以为此事物的许多特殊标志。

单读这一段话，很可能以为"特征"是指类型的特征，果真如此，则他的意见就和英国画家雷诺兹（Joshua Reynolds，1723—1792）所说的相同了："古代诗人、演说家、散文家都不断地回到这个观念；理想的美要比大自然所供给的一切特殊的美更高一级。"（1790 年 12 月 11 日皇家美术学院颁奖演说词）

罗丹《思》

罗丹 《断鼻人》

但黑格尔接下去说:

> 作为艺术的规律,希尔特所谓的"特征"是
> 指某一件事物在形象上、姿态上、表情上、色彩

上、光影上异于另一件事物，而此事物因此成为此事物。这定义较其他的明显得多了。如果我们追问什么是"特征"，回答该是首先为一"内容"，也就是说一个感情、一个处境、一个事件、一个行动、一个确定的人物；其次是表现此内容的方法。在艺术上，"特征"的原则就在于把所有的表现手段都用来呈现内容，一切个别因素都从属于整体的表现。"特征"的抽象定义基于：细节为突出内容而存在。若用通常熟悉的例子来佐证，我们可以简要地这样说，比如一个戏剧的内容是以行动构成的，戏剧的目的在描写一个行动的发展与完成。可是人的活动是多样的，说话、吃饭、睡觉、穿衣，等等。而凡是和主要的行动无干的许多行动都应该排除，以免减弱主要行动的意义。同样，绘画仅只表现行动的一个刹那场面，画家可以任意把外在世界的众多事物放进去，属于处境的、环境的、人物的、态度的种种细节，它们可以和行动无关，也不烘托特征。但是根据上文"特征"的定义，只要不能本质地传达内容的东西都不能成为作品的组成部分。作品不应该含有任何多余的无用的东西。

罗丹的见解和这说法很接近。他在遗嘱中写着：

> 对艺术家来说，一切都是美的，因为对于一切存在，一切事物，他的深刻的眼光都能把握"特征"，也就是把握从形象透露出来的内在的真理。这真理就是美。虔诚地学习，你不会找不到美的，因为你将找到真。

讨论了希尔特之后，黑格尔谈到迈约（J. H. Meyer, 1760—1832）和歌德的意见。歌德说："古人最高的原则是'蕴意'，这原则的运用达到最高的效果就是美。""蕴意"原文是 Bedeutende，法译为 Significatif，即"有含意的"。这含意往往不是说得清楚的。一件作品、一个人的面容、一片景物，其所以美，是因为含有一种

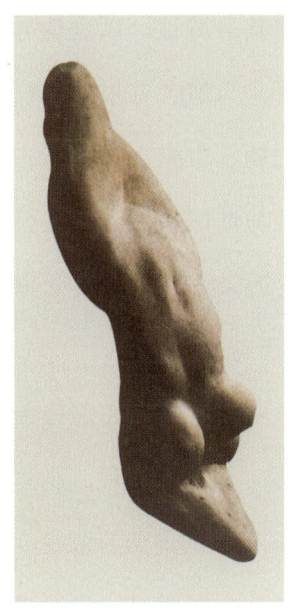

罗丹 《阿尔岱的身躯》

微妙难说的意义。这正是罗丹所说的"从形象透露出来的内在真理"。黑格尔的话是对的,"蕴意"的说法和"特征"的说法基本上没有大分歧,在罗丹的几句话里便把两个观点融合了。

罗丹的这句话很重要:"一切都是美的。"老妇人、塌鼻子的人……都是美的。这和雷诺兹的意见针锋相对。雷诺兹说的是:"大自然的作品也充满缺陷,并和真正的美有很大的距离。"

这显然是两种不同的倾向:一种是要从特殊事物中发掘出个体的个性的美;一种是要凭借特殊的事物追溯到普遍的典型的美。黑格尔称前者是从经验出发的理论,后者是从理念出发的理论。后者是柏拉图的思考方法,也就是纯粹哲学家的思想方式。哲学对于对象的兴趣不在其特殊性，而在其普遍性，以这种方法讨论艺术，终将导致否定艺术。当然也有根据这样的理论进行创作的艺术家，他们属于古典主义或新古典主义。在绘画中英国的雷诺兹与法国的大卫是最好的代表。大卫曾经说："艺术上的天才应该与哲学家同行，哲学家给艺术家提示高尚而有益的理想。"

我实在不喜欢大卫那一类歌赞英雄的画，那些希腊罗马的人物好像着了色的石膏像，死板而僵硬。画家企图描写伟大与完善，我却只看见可笑的虚伪的做戏。

我记得青年时代不喜欢漂亮的电影明星，觉得那些轮廓的线条匀称流美得什么个性都没有了。罗丹甚至说："自然中被认为丑的，往往比被认为美的更能显现它们的'特征'。""在艺术中，只是那些没有'特征'的，也就是说不能显示外部的和内在的真实的作品，才是丑的。"伦勃朗也必如此想。他在褴褛中、衰老中、苦难中、阴影中描绘出真实生命的气息与爱的光芒来。

抛开"完善"的观念，在"缺陷"中赞美生命的奋进，这是浪漫主义的倾向。

1948.05.21

罗丹的文章

我这才知道罗丹的文章不完全出于他的笔下。

离开北平之前,我在东安市场买到一本《罗丹近旁》,是罗丹晚年的一个女秘书蒂艾儿(M. Tirel)的回忆录,其中有一章是《罗丹和文学》。她说《法兰西大教堂》是罗丹的许多随感手稿,原稿错误极多,有文法的、有拼音的,还有语义含混的句子。曾由文艺评论家摩里斯(C. Morice)修改润色,然后由蒂艾儿誊清。他们一次又一次再改再抄,并念给罗丹听,他时而欢呼:"多美啊!……多美啊!"

不过他究竟怀疑自己的文学才能,同时也不完全信赖别人的修饰。他说:

"摩里斯念了一章《大教堂》,我听得莫名其妙。

他让我说一些我不要说的话。他是一个评论家，评论家是不懂艺术的。"

修改他的文字的，还有别的人。他说：

"我要这些先生们改正我的拼音错误，他们偏改动我的意思。"

罗丹常说："我刚才记下来的美极了！"

但是蒂艾儿对罗丹的写作给了极苛刻的评语："我诅咒那些提示罗丹动笔写作的家伙！"又说："他写作，倒不如说拼凑字句（原文用的是 écrivailler），大部分都毫无意义。而那些冒充风雅的人来了，惊叹，啧啧称奇。"（《罗丹近旁》第 102 页）

克拉代耳（Judith Cladel）在《罗丹传》一书里所记载的很不一样：

（罗丹）本是执拗的小学生，工匠兼艺术家，昧于语法和拼音，但由于他尖锐的洞察力和诗人的禀赋，遂成为一个机敏的记录者。他的敌人把他看作一个知识浅陋的人，一个粗人，但是他往往找到的一些比喻是作家也要暗暗嫉妒的。

妙的是,为了证明她的判断,蒂艾儿特别引了一节罗丹手稿的原文,并且声明是按照原来的文法和拼音的错误印出来,果然是错误很多,而且句子也无法读断。同样,为了证明自己的判断,克拉代耳也引了一节罗丹手稿的原文,果然有很巧妙的比喻,像"头靠在枕上,这是浮雕""女人眼帘下的儿童的眼睛"。克拉代耳的评语是:"这些片段有精微的感觉,比得上希腊的颂歌。"(《罗丹传》第 303 页)

我想这两位小姐的话并不冲突。大概罗丹的确写了一些令人不懂的、不通的文字,但是也写了使人惊叹的奇妙的文字。那些叫人不懂的、不通的文字,大概是罗丹的一些深切的感受而一时并不易用文字表达,以致造出晦涩古怪的句子来。他既没有技巧,也没有时间去加以细细推敲,不过蒂艾儿说的"大部分毫无意义"当然是粗陋幼稚的看法。

我觉得《法兰西大教堂》的文字尽管被人修饰过,

但我们仍能感受到罗丹洋溢的热情,思想的主旨也究竟还是罗丹的。没有罗丹,这样的文章不可能存在。

还值得注意的一点是罗丹和文学的关系。按蒂艾儿的记载是:

> 我从来没有看见罗丹打开过一本书,除了他在凡尔赛古玩店里买的那些因为装订精美而购的古版本。毕龙府里充满这类书籍。他有时打开一本,喃喃地辨读:"路易十四……路易十五……"随即又放回原处。(《罗丹近旁》第105页)

克拉代耳所写的大不一样:

> 因为感到知识财富的不足,他不断地自学,一再读荷马、埃斯库罗斯(Eschyle)、维吉尔(Virgile)、奥维德(Ovide)、柏拉图。在他看来,塔西佗(Tacite)是肖像的塑造者,像他的一个兄弟。他喜爱龙沙(Ronsard)和阿迷约(Amyot)翻译的

隆古斯（Longus）。他尤醉心于卢梭的《忏悔录》。更不消说浪漫派诗人，以及巴尔扎克和福楼拜。他带着好奇翻阅几个哲学家的著作，像斯宾诺莎、叔本华。不过他不读同时代人的作品，所以他对文学一无所知的谣言便传开了。（《罗丹传》第303页）

关于这一点我们不能不说两位小姐的话是互相冲突的。谁对谁错呢？似乎我们不得不多相信克拉代耳些。克拉代耳的父亲是罗丹的好友，过从甚密，而两人的友情始于1882年。克拉代耳从小便认识罗丹了。蒂艾儿呢，1906年才见到罗丹，她不过26岁。罗丹已经60岁，已经为一位美国的侯爵夫人所缠住。在这最后的十年中，罗丹享受非常的声望，而私人生活是非常动乱的，创造力最充沛的季节已经过去。蒂艾儿能看到什么呢？蒂艾儿所说的可能并非虚谎，但只是真实的一角。她虽然从来没有看到罗丹打开过一本书，并不能证明罗丹从来没有打开一本书。

从这里也可以看到，处理历史文件和当事者的报道是该多么谨慎了。

不知道为什么在列举罗丹的文学读物的时候，克拉代耳遗漏了但丁的《神曲》，她也没有提到波德莱尔的《恶之花》。

今注：里尔克在短期间做过罗丹的秘书，当然相当了解罗丹的个人生活。他曾说罗丹喜欢读书，但是措词则有些含糊。《罗丹》一文中有这样一段："他很勤读，在布鲁塞尔的街上，人们经常看到他手里拿一本书。然而这本书或者只是一种凭借，有了书，他可以更深地返回自己，返回等待着他的巨大的工作。"里尔克虽说到罗丹"勤读"，但特别提出在比利时的青年时代；同时又说他的读书是创造的凭借，并非一般的钻研式的苦学。我们可以说罗丹读书并不是为了博学广记，而是中国古人所谓求"受用"。他所读的书可能并不多，也无系统，但是他所读的都吸收为生命的一部分，成为艺术创造的泉源与土壤。

1967年出版的哥德榭岱（Goldescheider）的《罗丹》对于罗丹的阅读是这样写的："（罗丹）爱好阅读。他有相当广泛的文学认识，从但丁到雨果和波德莱尔。他的衣袋里常放有一本书，进餐时也往往看书。"这和蒂艾儿的话愈相径庭了。

1948.06.13

布尔代勒美术馆

早听说布尔代勒工作室将辟为美术馆的事，以为已经正式开幕，今天到了蒙帕纳斯区那边，看到建筑工程虽已接近尾声，但仍是一片工地的景象，工人在四处操作，并且见到布尔代勒夫人正在视察工程的进行。布氏逝世（1929）后，她不断为成立布氏美术馆的事奔走，现在终于实现。她原籍希腊，曾经是布尔代勒的学生，一个矮小精悍而和蔼的老妇人。

我在院中徘徊巡礼。大大小小的铜像杂乱地摆

布尔代勒美术馆的展厅（局部）

布尔代勒美术馆

着,有《垂死半马神》、《圣女贞德》、《仇恨》(三个头像组成的浮雕)、《致吾师罗丹》、《力》与《自由》的头像……他们都雄强伟壮,是属于纪念碑上的人物,该屹立在人群往来的广场上,甚至只有长风与雁群横越的旷野上。这些铜塑给人的第一个感觉是:粗犷。暗绿的青铜面荡漾弥漫着原始的野性的强力,使我想到"铁马、西风、塞北"那样的句子。

但布尔代勒的作品,久看总觉得情调单纯。罗丹的作品变化丰富得多,雄浑中也有细腻,豪放中也有

布尔代勒 《战士》

缜密。初看,使人震惊;再次去看,仍给人以新的发现。

我不能完全满足于布尔代勒,但是觉得那一种雄劲剽悍的风格值得介绍到中国去。有时我不免奇怪,在法国近代资本主义的意识文化中,为什么崛起这样一个雕刻家? 19世纪末20世纪初各种绘画流派的产生好像都可以用意识形态去解说,而布尔代勒的出现似乎很突兀,好像在精致的花园里突然长出一株大本臃肿、不中绳墨的橡树来。

| 1948.06.13　布尔代勒美术馆

1948.07.20
罗丹的重要性

论罗丹的文章大都说，罗丹直承米开朗基罗，意味着他们之间三百年中全无雕刻可言，他的崛起大有"文起八代之衰"的意味。

其实这说法，罗丹自己不会同意的。在《罗丹对话录》里他提到不少雕刻家，并给他们以很高的评价。

乌东（Houdon，1741—1828）：做《伏尔泰像》《卢梭像》《米拉波像》《富兰

乌东 《伏尔泰像》

卡尔波 《舞蹈》

巴里 《美洲虎吞食兔子》

1 1948.07.20　罗丹的重要性

吕德《马赛曲》

克林像》，罗丹认为他的这些像记录了半个世纪的历史。

卡尔波（Carpeaux，1827—1875）：曾做巴黎歌剧院前《舞蹈》群像和卢森堡公园尽头的《人类的环舞》。

吕德（Rude，1784—1855）：做巴黎凯旋门上《马赛曲》。罗丹把这作品比作高乃依式的悲剧。

巴里（Barye，1796—1875）：以做野兽著称。常以兽与兽，或人与兽的生死斗为题，极富浪漫主义的戏剧性。罗丹曾是他的学生，到晚年仍带着敬意讲起，

贝尼尼 《阿波罗和达芙妮》

夸兹沃《墨丘利神》

称他为"大巴里"。

其他路易十四、十五时代也还有不少雕刻家,贝尼尼(Bernini,1598—1680)、夸兹沃(Coysevox,1640—1720)、普杰(Puget,1620—1694)等。

那么为什么罗丹被看得如此重要呢?我想有一个很简单的回答,就是:罗丹给予了雕刻以另一种意义。以前的雕刻是纪念碑上的纪念像,是装饰庭院、喷泉、回廊、宫室、教堂的形体。它的社会任务、政治任务、装饰任务先于艺术表现。到了罗丹手里,雕刻忽然变

普杰《珀尔修斯和安德洛墨达》

| 1948.07.20　罗丹的重要性

成表现思想的工具、个人抒情的工具,艺术表现占了首位。雕刻被从广场的基座上拉下来,从建筑物上拉下来,变成诗,变成哲学,变成自由的歌唱。罗丹给了雕刻以思想性,也就给了雕刻以新的生命。米开朗基罗的雕像虽然都有确定的装饰作用、纪念作用,但他在每一件作品中都注入浓厚的思想性。每一件作品的内容都远远地超过当时所预期的装饰意义、纪念意义。从这一点看,罗丹果然直接继承了米开朗基罗。

所以有人说要走进罗丹的世界,没有比诗人里尔克更好的向导。他最能以诗人的敏感去探测罗丹作品中含藏的诗意。讲到《永恒的偶像》这一雕刻时,他说:"人们不敢给它一个意义,它有着成千的意义。"他以微妙的诗的语言为我们阐述他所领会的一个意义,而让我们自己去发现、玩味其余的、成千的、层出不穷的意义。

罗丹一生做了不少纪念碑的作品,像《巴尔扎克》《雨果》《加莱市民》……而评审的时候,总引起大争论。这其实是不足怪的。他的雕刻在精神上是反纪念碑的,在形式上也是反纪念碑的。他的雕刻宜于放在内室，容人走近，细细地环绕着观赏、冥想……而不宜于放在广场上。

无怪罗丹之后，出现布尔代勒，提出雕刻的"建筑性"，把雕刻注入英雄与史诗的声调，又把雕刻送回纪念碑的基座上。

布尔代勒 《密茨凯维支纪念像》

1948.08.05
"这是一个老人"

这是很奇怪的：罗丹在雕刻发展史上起了革新的作用，为现代雕刻开辟了道路；但是他的风格却是很古典的，和他同时代的绘画比起来，便显得古老。这是为什么呢？他和印象派大师莫奈同时，都生于1840年。莫奈的绘画色彩鲜丽，笔触明快，更有现代人的乐观。塞尚比他们早生一年（1839），分析色彩，组织构图，被称为"现代绘画之父"，其对待创作，更有现代人的理性。罗丹曾和莫奈联合举行展览，我想是不甚调和的。罗丹的雕刻所以显得古典，大约有下面的原因：

（一）形式上，虽然他的作品很重表现性，手法上有很大的解放，但出发点仍在忠于自然，技法仍是

罗丹《三影》

综合的。麦约的人体，笨些、单纯些，接近几何形体，暗示机器的圆净，透露出一种现代的形象来，至于布朗库西[1]，则只有几何形体了。

（二）内容上，他追求表现人生，而多传统沉郁的意境，里尔克说"这是一个老人"（《罗丹》）。当然，在里尔克看到罗丹的时候，罗丹的确已经是一个老人，

---

[1] 布朗库西（Constantin Brâncuși，1876—1957）是罗马尼亚雕塑家。

但这句话不止是这意思。罗丹在年轻的时候，制作《青铜时代》《三影》《行走的人》的时候，他已聚集了欧洲多少世纪的思想、情感、梦幻，他的灵魂已经有了重负，他似乎有了菲狄亚斯、米开朗基罗、但丁、伦勃朗的年龄的总和，已经是一个"老人"了。现代风的雕刻家似乎要把这些都忘掉。

1948.08.06
诗人和雕刻家

里尔克这样描写罗丹：

　　罗丹是寡言的，一如所有行动的人们。他甚至很少给自己以发言的权利，他认为把自己的发现用语言说出来是诗人的事情，在他的谦逊中他把诗人放在雕塑家之上。

作为诗人的里尔克则是把作为雕塑家的罗丹放在诗人之上。里尔克窥伺观察罗丹怎样从毫无形式的泥土中捏塑出形体来。这形体获得内在的间架、外在的滋润，取得跳跃的生命，取得存在的权利、永在的价值，像神以泥土创造了人。而罗丹的雕塑往往还带有泥土

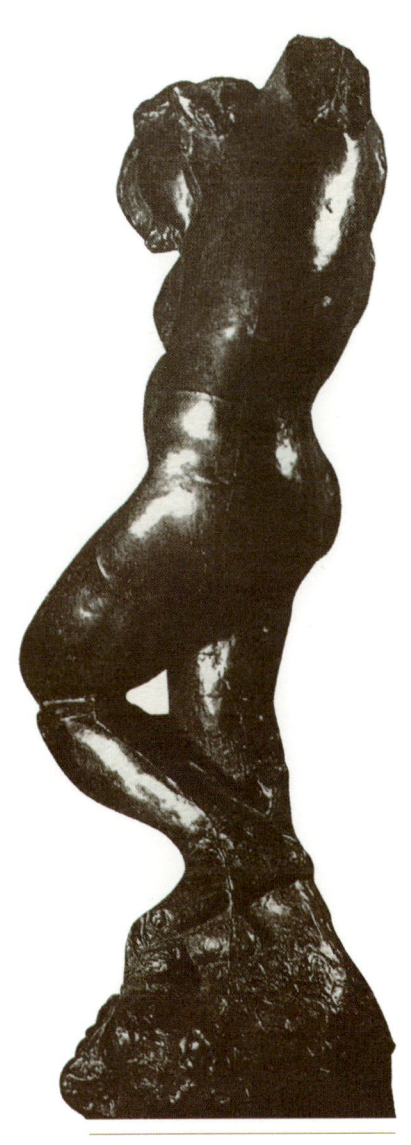

罗丹《无臂沉思》

的纷乱,而有些地方已经乱残,即将返回原始的混沌里去。在这生成与坏灭的过程中,雕刻家的活动和神的创造活动不可分。

给物质赋以形式,也就是给物质以精神性,这就是创造。有什么能比雕塑更能具体地诠释这思想的?

里尔克从罗丹那里懂得了创造的真谛。因为他看见了青铜和大理石的质地和表现力,遂悟到语言所特有的性能、文字的硬度和可塑性。他要像雕塑家那样锤炼语言,直到语言能具有铜与石的物质的顽强和精确,光辉地、客观地存在着,而娓娓地述说生命的事情。

　　黑格尔认为雕刻具有太多的物质性，所以比诗低好几等。诚然，雕刻可以说是比诗、比绘画更原始的创造活动，说雕刻家与诗人谁高谁低则没有必要。我们知道罗丹曾从诗人但丁那里汲得灵感，诗人里尔克又从罗丹那里汲取灵感。在别的艺术领域里看到了自己领域里的新可能也是常有的。像张旭从公孙大娘剑器舞中得书法之神，吴道子从张旭狂草中得到壁画的启示。

1948.10.03
《果 神》

去小宫看巴黎市收藏。雷诺阿（Renoir）的《夏娃》雕像和他的画中的女体是很接近的，表现欢快的、享乐的、肉欲的人生观。雕像比实际人体稍大，而体积则大得多。腹部臀部做了很大的夸张，但是看起来很自然，似乎女性的特征就该是这样。罗丹的《夏娃》负载着人间的辛酸悲苦，雷诺阿的《夏娃》是在地中海阳光中、和平与欢乐中，

麦约 《果神》

和橄榄、葡萄一同成熟的肉体。

麦约的女体接近这一型。他有一座女像名为《波姆娜》（*Pomone*，即《果神》），我想这是很好的命名。"果神"象征耐心、平静而乐观的孕育和成熟。她不似维纳斯有耀眼的媚丽，不似雅典娜女神的矫勇健美，不似夏娃的多难，不似圣母的高洁。她代表女性的另一种命运：她是多产的，却没有生产的恐惧和痛苦；她属于现世，却没有现世的烦恼和紧张。

1948.10.19
《青铜时代》

罗丹的《青铜时代》曾被疑为是从实际人体浇模制成的。这当然是庸俗而糊涂的见解。但从这点也可以看出他的写实技术的精深来。我以为有雕刻素养的人可以在这一种细密精严的刻镂中得到大的满足，和看真的人体浇模是完全不同的。

今天在街头看到一张很惹眼的招贴。巴黎大学举行一系列讨论青年问题的演讲会，以这正在苏醒的青年像为图片。只印了雕像的上半身，但细部的起伏都可以看得清楚。其表现力是很强烈的，但很含蓄，把跳跃的生命约束在矜持和谨慎中，尚未有《亚当》《三影》诸作的过分夸张。好像火车头的蒸汽锅已经烧足火力，只是还没有开闸发动。我深喜这发动前的刹那。《论语》

有"三十而立",这里,这个颤巍巍的躯体好像还没有能"立",至少还没有"立"稳。他好像还有迟疑、彷徨。他已经怀有雄心,也备有足够的毅力和热情,四肢的骨骼肌肉都已"羽毛丰满",但是在迈出第一步、踏上征途之前,究竟还不免有怯惧、不安。对于自己力量的估计也许太低,也许过高。正是《庄子·养生主》描写庖丁的"行为迟,动刀甚微"。在和世界遭遇之前的紧张中流出一种宗教的严肃、形而上学的激情。

这时的罗丹也正处在

罗丹 《青铜时代》

| 1948.10.19　《青铜时代》

他的雕刻生涯的起步期，他的风格也正是谨慎的、严密的，似乎还有迟疑的，带着虔诚、坚定的信念，带着"行为迟"的不安，而"动刀甚微"。表现的手法和表现的主题如此水乳交融，我想老年的罗丹就再做不出《青铜时代》来。只有少壮的雕刻家的手和心才能塑出如此少壮生命的仪态和心态。里尔克称这雕像为"行动的诞生"，我想也是"自我意识的诞生"。

1948.10.20

《青铜时代》和《大卫》

因《青铜时代》联想到米开朗基罗的《大卫》。那也是一个健壮的年轻人的裸像,也是雕刻家初期的作品。罗丹着手《青铜时代》时刚好35岁(1875),米开朗基罗开始打凿《大卫》的时候更年轻,才26岁(1501)。我们知道雕刻家创作雕像时,把自己的思想、心理都塑进去,也即是自己的现身说法,年轻的大卫也就是年轻的米开朗基罗。这里的大卫不是战胜了巨人歌利亚之后的踌躇满志,妇女们载歌载舞迎接的英雄,而是凭了爱国精神和神的信念走向敌人的小犊。他转过头,傲然蔑视敌人,却也冷静地观测对方的优势和弱点。他并非全无疑惧,眉头锁着,但身体的每一部分都流露出沉着与坚定,比任何老年人或中年人

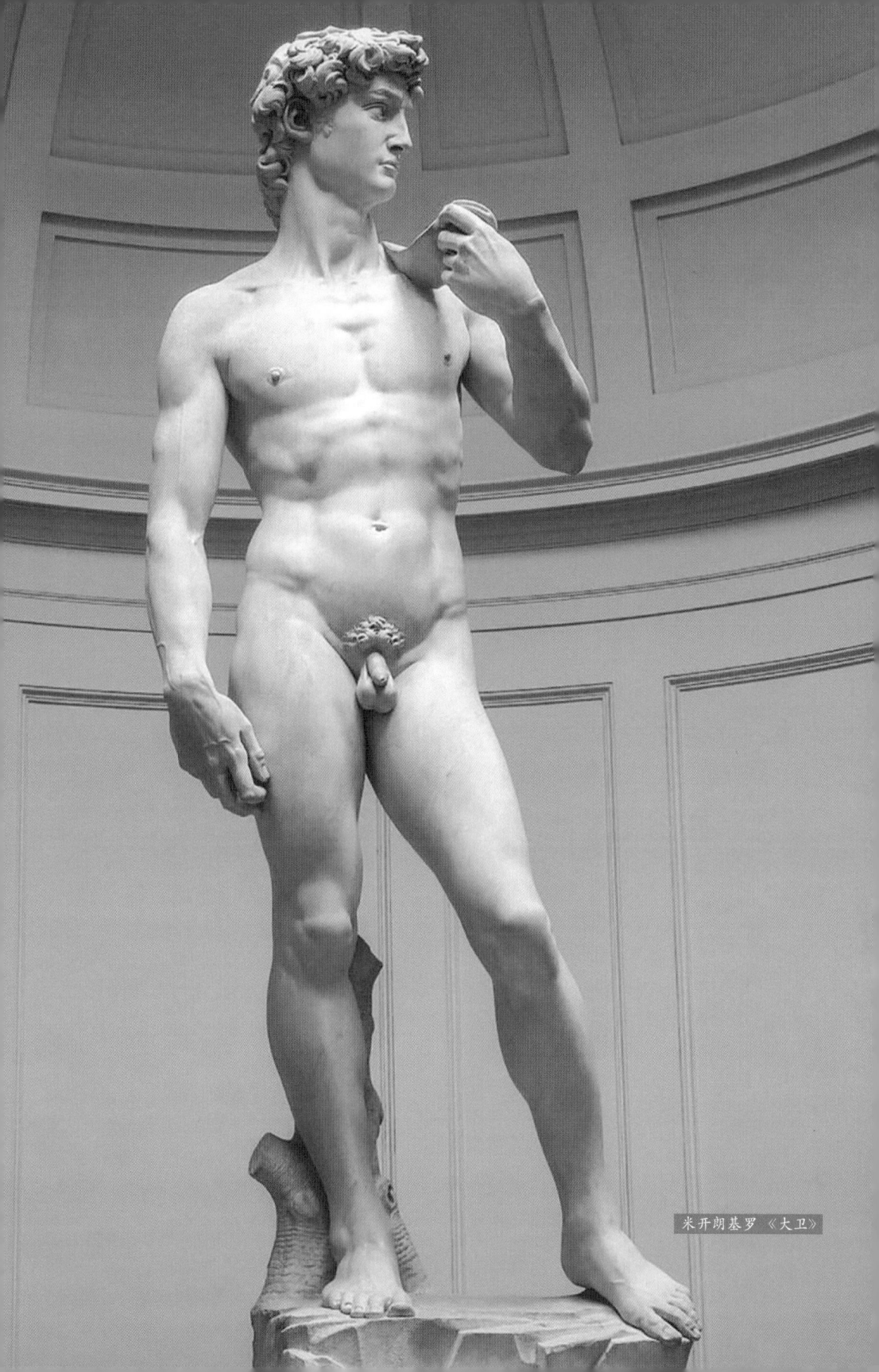

米开朗基罗《大卫》

都有更真率的勇往直前。这是饱含着未来的年轻的躯体，准备和一切阻碍、风险作战斗的年轻的生命。

《青铜时代》代表更早的一个阶段。这时年轻的躯体还在沉睡与清醒之间，全身的肌肉也都在沉睡与清醒之间，眼睛还没有睁开，尚未看到外界，当然尚未看到敌人与爱人、花丛与陷阱，像一个刚刚成熟的蛹，开始辗转蠕动，顷刻间便要冲破茧壳，跳入广阔的世界。中国文化里似乎完全没有这样对于少壮的身躯之美的歌赞，我们在这年纪是战战兢兢地活在封建社会的重重束缚里。

1948.10.24
雕像的题目

克拉代耳的《罗丹传》中讲到罗丹怎样给他的雕刻以题目。作者的父亲是小说家雷翁·克拉代耳（Léon Cladel），和罗丹是好友。罗丹有时请他为雕刻命名。雷翁·克拉代耳往往抽出一本雨果或波德莱尔的诗集朗诵起来，偶有打动罗丹的字词或句子，罗丹便止住他："好，这名字好！"比如《我是美丽的》就是从波德莱尔的诗句"我是美丽的，凡人们，我美如石块的梦"借引来的。

由这里可以看到罗丹是先做了雕刻，然后命名。

里尔克在《罗丹》里写着："在罗丹那里，题目并不标系在作品上，像一只动物被拴在一棵树干上。题目在作品的左近，为作品而存在，像一个看管人守

罗丹《跪着的农牧神》

住珍贵的收藏。知道如何称呼它,固然可以帮助我们了解作品,但是如果撇开题目,你可以更自如,更不受外在干扰,学到更多的东西。"

因此罗丹的作品,不受题目限制,超越语言的描述。不少雕塑曾有好几个不同的题目,《青铜时代》曾经被叫作"人的苏醒""原始时代的人"。显然我们还可以用许多别的名称去称呼它:"苏醒""青年的苏醒""将跨出的一步""行动的诞生"。

题目只是一个概念,这个概念可以有文学性的蕴含,但这蕴含和雕刻形体的蕴含不同。凡想以概念的蕴含去顶替造型的蕴含的艺术品都是要失败的。

1948.11.05
美国雕刻家格力岑斯坦

小宫展览馆展出一位美国近代雕刻家格力岑斯坦（Glicenstein，1870—1942）的作品。大部分是木质的，整体隐然保留着老树巨干的圆柱形。木纹、木结、刀痕、锉痕，历历在目，风格朴质，具有原始图腾柱的意味。女性的躯体厚实粗壮，属于孕过四五个孩子的妇人型，两乳沉甸甸地垂着，手和脚都是被劳动锻炼而形成的。她

格力岑斯坦《耶利米雕像》

们是垦荒者的妻子,绝对坚强而可靠,充满母虎一样的生命力,并且知道怎样和大自然搏斗。

这是和罗丹、麦约甚至布尔代勒都不同的雕刻,带给人以新大陆草原的气息,森林的芬味、急湍的咆哮、马群的奔驰……不能不使人联想起惠特曼《草叶集》里的诗句。但是看寥寥的观众,似乎巴黎人、巴黎的艺坛并不很欣赏这样的作品。

| 1948.11.05　美国雕刻家格力岑斯坦

1948.11.09

塑泥和生命

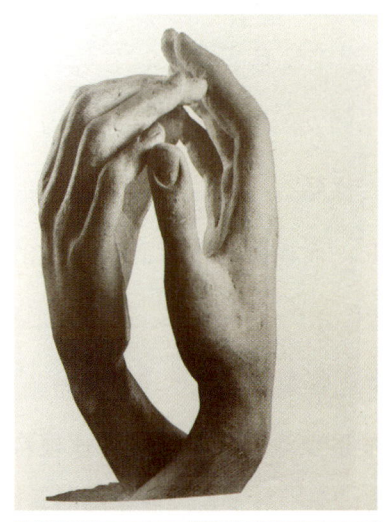

罗丹《圣堂》

班上来了一个中年妇人,朴素大方,眼光里有一种内在的稳静。她所做的立刻引起我的注意。塑泥一经过她的手好像立刻有了生命。据她说是巴黎人,学建筑的，在瑞士为人设计房屋。

纪蒙特别注重雕刻的内在结构，所以班上的学生只用一柄小尖刀做工具，不太用手指捏塑。泥像上只见刀的削痕和刻痕。有面的地方非常平板。还有一个很显著的特点是泥像的乳房总被削得只剩一点微微的隆起，在他的眼里，下垂的乳房是反雕刻的，正像希腊石像上的乳房绝没有下垂的。

这个中年妇女所做的和教室里的习作大不相同，泥块团团牵连揉融在一起，没有任何平的面，但是内在的间架仍在，而表面的起伏真是生龙活虎地在动。我很好奇地等纪蒙先生的意见，前两天纪蒙来看，说：

"好果敢！你是第一次来做雕塑吗？"

果然她是第一次，纪蒙要她注意模特儿的特性，此外便没有说别的，似乎也颇欣赏她的塑造手法。

我暗想：这就是所谓"天赋"吧，同是一团泥，在别人手里是死气沉沉的泥团，在她手里便有了生命，她并没有学，别人也学不来。我又想，塑泥在罗丹的手间，大概就是这样活起来的吧。

1948.11.14
塑造法

罗丹和葛赛尔的对话录[1]中有一章专讲 modelé，这个字很难译。原因是：

一、这个字可以用在雕塑上，也可以用在绘画上。在绘画上相当于"烘染""渲染""皴法"，是以墨或色的浓淡，或者以笔触来显现出物体表面的起伏以及质感。这些词当然不能用在雕刻上。要找一个词可以兼及绘画和雕塑的这种技法颇不容易。

二、在雕塑上又有雕和塑的不同。在石雕中 modelé 是指最后一步"打磨"的细工；在泥塑中则指表面"塑造"的效果，可以是刀法、指法，也可以是

---

[1] 即《罗丹艺术论》——编者注。

罗丹《沐浴的维纳斯》

1948.11.14 塑造法

塑形表面摹拟肉体的感觉。

罗丹很重视塑造法。他和葛赛尔说：

"我要告诉你一个重要的秘密。在这座维纳斯像前，我们所感受到的真实生命的印象，你以为是怎么来的？——是来自'塑造'的学问。"

至于塑造的秘诀在哪里呢？就是使表面的起伏好像有内部的力向外顶出。这是罗丹作品显现强烈的生命感的一个原因。

但是过分注意表面的起伏，往往便要忽略雕刻的立体感、整体感。布尔代勒追求雕刻的建筑性、内在间架，所以反对在表面上做功夫，他说："塑造是破坏，间架才是创造。"纪蒙也强调"间架""结构"，从来不谈"塑造"。他要学生观察点、观察面、观察光，都是从间架构成上着眼。中国书法上讲结构和笔法，笔法相当于塑造，结构相当于间架。

1948.11.20

罗丹和布尔代勒

　　我所做的人体毕竟还是在琐碎处着眼、用力。因为注意于局部的起伏转折，退远了看整体，便觉得站不住。今天把一个多星期所做的捣毁了，重新开始。因为已经熟悉模特儿，很快地就可以达到一星期来所达到的阶段，而在整体上显然比较统一严谨些。

　　买到一本关于布尔代勒的小书，作者是亨利·雨固（Henry Hugault），副题是"传统与革命"。书的第一章便比较了罗丹和布尔代勒两人的风格。

　　罗丹要表现的是情感，属于浪漫主义的。在方法上是分析的、捏塑的，追求外形的起伏变化。

　　布尔代勒表现"永恒的美的超个人特质"（L'impersonnalité du beau éternel），在方法上是综合的、建造的，追求形体的内在结构。

作者认为罗丹作品所缺少的是"建筑性"，所以他的《雨果》《巴尔扎克》《加莱市民》……都缺少"纪念碑性"的特质。在这意义上布尔代勒比罗丹跨前了一步。

我想罗丹作品确是不宜于放在室外。埃及、希腊的雕像圆实丰满，在阳光里舒展闪耀。罗丹的雕像表面不平，捏塑的痕迹太多，招惹阴影，所以整体显得沉郁、收缩，好像惧怕阳光，拒绝阳光。那许多侧线固然灵动，但正是因为太灵动、太变幻，带着太多的偶然性，没有几何形体的坚定，不能和风雨斗争，似乎已经被蚀损。

但是我觉得不能因此说布尔代勒比罗丹更高一筹，这是两种不同的雕刻风格。

罗丹的作品要求陈列在室内，邀我们走近，细看每一细节的起伏，玩味每一细节所蕴含的意义。像《加莱市民》，本是一座纪念碑，罗丹却反对放置在高的基座上，他说要使观者感到这悲壮的事件，就发生在我们之间。我们看那些面孔、手、臂膀……就像看朋友亲人的面孔、手、臂膀……就像看我们自己的面孔、手、臂膀……那些锁紧的额头连接着我们自己的心的绞痛，那些痉挛的手连接着我们自己的绝望与恐惧。我们走在罗丹雕像的近旁，恍如走入自己内心的世界，瞥见灵魂宇宙的景象。

布尔代勒的作品是要放在广场上的，那些人物具有野性的剽悍，像盘旋的鹰，拒绝我们逼近，我们只能远远地，以信箭、以狼烟和他们相召唤，相鼓舞。他描写民族的战斗意志，沦为奴隶的人民反抗的史诗，执剑奋起的英雄姿态。在他们那里，我们听不到罗丹那样细腻委婉的声音。罗丹的《加莱市民》虽写悲壮的历史故事，但他更倾向刻画每一个内心的悲剧。

布尔代勒出现之后，很影响东欧以及南美的许多雕刻家是不足为怪的。在今天的中国，也正需要这样一种粗犷、矫健的风格。我以为他的技法是最能供我们借鉴的了。我们这古老民族需要一种新的野性。我们本有的雄伟磅礴的气魄可以借他的雕刻观念收聚凝炼起来。罗丹的雕刻有太多内省成分，有了太多的内省，

罗丹《思想者》

就妨碍行动的勇猛。他的《思想者》被内心的矛盾冲突、忧虑惶恐所纠缠牵绊,终于坐定在那里,不再能站起来。布尔代勒的英雄是闻鸡起舞、勇往直前的人物。他的雕刻追求建筑性,立在阳光里,经得起风吹雨打,雕刻面没有太多太深的陷入。结果他制作出来的脸型都接近蒙古人种:颧骨高,颚骨阔,眼睛不窝下去,整个头形方敦敦,像一座顽强的城堡。有人以为中国人的面型缺少起伏,不如西方人美,在布尔代勒看来

布尔代勒 *Day and Night*

恰相反，西方人的面型坑坑洼洼，招引阴影，受风受雨，没有浑成的严整。从他早期的阿波罗像，到后来阿根廷阿尔维亚将军纪念碑上的四个巨人，都似乎刻画了东方人的特征。我青年时代所醉心的昆明的马锅头的面型很接近他的阿波罗。看到他的阿波罗，使我预感到塑造中国人面貌时的快乐，那面型我熟悉极了，那上面的起伏，是我从小徜徉游乐其间的山丘平野，我简直可以闭着眼睛在那里奔驰跳蹦，而不至于跌仆。

1948.11.22
反罗丹

罗丹逝世后,后起的雕刻家要走出新的道路,当然想推翻这一个太巨大的偶像,他们纷纷指出他的缺点来,这是不足怪的。艺术品是对于现实生活的诠释,诠释只能从一个观点出发,必然有所偏重,世界上不可能存在四平八稳、十全十美的艺术,指出罗丹的缺点是并不太难的。

美术批评家罗瑞·马尔克斯(Claude Roger-Marx)有一篇《罗丹的天才》(收入《罗丹的形象》),其中有这样一段:

> 这些指责,有一部分是有根据的。我们早就熟悉这些指责了,它们被用来批判印象派,打倒

罗丹 《三个农牧神》

莫奈（Monet）。罗丹的作品没有"建筑性"；感性、肉欲、偶然的成分太多；《永恒的偶像》的作者不能掌握整体，只善于表现单独的人体，甚至更严重的是，只善于表现"局部"；表面的变化、事故，某些有情趣的描述比形体的永恒性、重量和密度更为吸引他；他成为想象力、诡辩力、肉欲的牺牲品，忘掉造型的基本规律，忽视精炼的手法。

| 1948.11.22 反罗丹

罗丹艺术的特征大致可以列出以下几点：

一、着重表现活泼跳跃的生命；少建筑性。

二、精于刻画局部，甚至利用残缺来加强表现力；忽视整体性。

三、侧重抒情和刹那的动态；缺少永恒凝定的造型。

总起来说，这些特点都是浪漫主义的。

1948.12.14

神啊,你怎么办,如果我死去?

你怎么办,神啊!如果我死去?
我是你的水瓶,如果我破裂了?
我是你的酒浆,如果我已腐坏?
我是你的衣裳,你的职务,
你失去了我,也就失去了意义。

没有我,你将没有归宿,
找不到温暖与亲切的接待。
我是你的草鞋,你的劳倦的双足,
将赤裸着跋涉远行,为了寻回我。

你的风氅也将失落,

我以温暖的两颊去承受,
你的注视,像软枕一样。
你的眼光将长久寻找我,
终于在夕阳西下时,
迷失在荒茫的石垒之间。

神啊,你怎么办?我忧虑着。

罗丹《神之手》

感冒，并且好像要转化为气管炎。留在家里，试译了里尔克《时间的书》中的一首诗。这里所说的"神"不是全能的、大爱的、无所不在的神。这里的神是因人之在而在的神、因人的庄严而庄严的神，使我联想到罗丹的《行走的人》。人阔步迈行在大地上，不依赖谁，他只是他自己。他有着虔诚、勇猛和信心，但神不在他之上召唤他、支持他，相反，神在他之中存活，是他给神以具体存在的事实。他是"为天地立心"的那一个创造神的人。如果没有罗丹，《行走的人》在哪里？《青铜时代》在哪里？《神之手》又在哪里？"你怎么办，神啊！如果我死去？"

1948.12.17

维纳斯和夏娃

去罗丹美术馆,仍一直走到《夏娃》像前。每一次来看,都能得到一次新的震撼。这一种十分成熟了的女体在西方艺术中不是没有出现过。像提香、鲁本斯(Rubens)所描写的女体,也都是 30 岁至 40 岁之间的丰满壮实的肉体;但是在他们那里,肌肤紧密滋润,丝毫没有悲苦的痕迹,像希腊的维纳斯那样完美。

和罗丹的《夏娃》属于一种类型的是伦勃朗的《拔示巴》。《拔示巴》是《圣经·旧约》里的女子。她是军官乌利亚的妻子。大卫王从凉台上瞥见她沐浴,看中了她,竟把乌利亚调去作战,借了敌人的箭射死他,之后娶了拔示巴为妻。这故事内容似乎和画本身并无密切关系。画中除了拔示巴之外,只有一个为她拭足的老女仆。伦勃朗所要表现的是一个裸着身体的三四十岁的平凡的妇人。模特儿就是他的后妻韩德瑞各。腰身十分浑圆，大手大脚，腿也十分粗实。这后妻本是他的女仆，所以显得是辛勤劳作过的妇女的身段，腹部是怀过孕的，积着大量脂肪。

维纳斯和夏娃，这是西方描写女体的两个题材，或者说这是西方对女体的两种看法：一来自希腊思想，二来自基督教教义。维纳斯是属于理性的，又是享世的；她是纯美的，又是有诱惑性的，这诱惑性并不排斥她的神性。夏娃是宗教恐惧塑造

罗丹《夏娃》

| 1948.12.17　维纳斯和夏娃

伦勃朗 《拔示巴》

的形象，带有原罪，她在世间是被贬的，她的肉体将要受难，她的诱惑是恶的，有不幸的后果的，正如拔示巴的故事。

我实在更爱夏娃型的女体、母体。我疑心自己已经成熟，过早地成熟，否则为什么不爱少女新鲜而轻盈的躯体呢？为什么爱一个多苦难近于厚实憨肥的躯体呢？罗丹的夏娃决不优美，有的人看来，或者已经老丑，背部大块的肌肉蜿蜒如蟒蛇，如老树根。我爱她的成熟，像爱一个母亲，更像爱一个有孕的妻子……多丰满厚实的母体，我愿在这个世间和她一同生活并且受苦。

据记载，罗丹塑夏娃所用的模特儿是一个意大利女子。罗丹感到她的身体一天一天在变化，一天比一天浑圆，罗丹不得不跟着修改，最后模特儿说自己是怀孕了，罗丹也就只好中止工作。这塑像是一未完成的状态，许多地方都留着手指和泥块的痕迹，这粗糙的痕迹恰好更突出了多艰辛、多苦难的世间感来。

熊秉明文集 一

1949
关于罗丹：日记摘抄
Collected Works Of Hsiung Ping-Ming

1949.01.21

肉 体

朱自清写过一篇散文，题为《女人》，说女人是"自然手里创造出来的艺术"，但是即刻又加上了很大的局限，说只指"处女"；"少妇、中年妇人，那些老太太们，为她们的年岁所侵蚀，已上了凋零与枯竭的路途"。我觉得很奇怪，女人怎能一离开处女的阶段，便开始凋零枯萎呢？从鲜丽到枯萎的路途很长，在这途中的女人都不足观了么？枯萎衰颓的老妇，就不值一顾了么？这是把"女人"的定义和"青春""鲜美"的观念混淆了起来了。

这一种女人的观念是中国传统仕女画里所表现的。工笔美人都一个类型，一个年纪。朱自清所说的"自然手里的艺术品"的"处女"，林妹妹型，姣好的蛋圆脸，脸上绝无一丝生活的纹路。这样的花容当然不可能连接着实实在在的身躯。民国初年受西方影响的画家批评中国仕女画里的人物只有衣服，衣服下面没有人体，这也是对的，像《聊斋》故事里的女鬼，抱起来，轻如无物。有这样的一种"无体"的女人观，如何欣赏西方裸体呢？

　　罗丹的《夏娃》，不但不是处女，而且不是少妇，身体不再丰圆，肌肉组织开始松弛，皮层组织开始老化，脂肪开始沉积，然而生命的倔强斗争展开悲壮的场面。在人的肉体上，看见明丽灿烂，看见广阔无穷，也看见苦涩惨淡，苍茫沉郁；看见生，也看见死，读出肉体的历史与神话，照见生命的底蕴和意义，这是西方文化所特有的，也是西方雕刻灵感的泉源。

罗丹《欧米哀尔》

1949.01.22
中国人和雕刻

我曾多次陪伴中国朋友去参观罗丹美术馆,他们希望我做一些解说,我感到相当困惑。中国人在这里至少要遇到两重隔阂。

一、中国知识分子对雕刻很陌生。对绘画,一般知识分子或多或少都有些认识,家中有收藏的,当然更知道如何欣赏。虽然西方绘画有很不同的内容,但是有些流派还是和中国绘画有相通之处的。至于雕刻,情形大不同。中国雕刻难成为一个独立的艺术领域。除了神像、罗汉像、陵墓石兽,就只剩下一些小古玩、小陈设,并不能作为艺术欣赏的对象。怎样欣赏一尊雕刻呢?有一本讲中国雕刻史的书,除了"生动"以外,似乎就拿不出别的标准了。真的雕刻岂是"生动"

一词就说得完的？无怪薛福成到巴黎，看见蜡人馆，竟当作了不得的艺术大加赞赏。

二、中国知识分子对人体是陌生的。西方艺术以人体为主要题材，自希腊以来，就有歌赞人体的传统。民国初年以来，中国人也讲"健美"，也画裸体了。但是我们对人体仍然是陌生的。西方艺术家借它来表现自己的意境，正像中国画家借山水木石来表现自己的意境。有一次一个中国朋友在罗丹的雕塑前说："肌肉表现得很好。"当时我沮丧之至，但实在也不怪他，他没有想到雕刻并不只是仿造人体，复制肌肉，雕刻家要通过人体表现感情、思想，表现诗、哲学。

我于是想起抗战时期，有一个夏天我到昆明附近的安江参观艺专，并且随班画了一次模特儿。那时候，在云南那样的地方，模特儿当然非常难找。慢慢说服她脱了衣服让学生来画，说到让她全裸，当然是非常困难的事。那是一个四十多岁的乡下妇人，我当时心里暗自想："这大概是不得已的事，乡下的年轻姑娘，谁肯来抛头露面，坐着，让年轻学生团团围着画？更别说露出奶子、肚子坐在一个高台上了。我们能画这样的老态的女人也算不错了,但是这模特儿实在不好看。一身蛋壳黄的颜色,也单调得很。"我不知道当时那些艺校学生是怎样想的,总之现在回忆自己当时的想法,实在是狭隘的,甚至错误的。那个乡下妇女的体形正是卢浮宫里伦勃朗所画的《拔示巴》那样的,罗丹美术馆里的《夏娃》那样的成熟的女体,只怪我当时没有用心去看。

1949.01.24

兽 体

今天的模特儿有动人的乳黄色皮肤，闪金的红茶色毛发使人想到狐狸或者麋子。工作室里炉火烧得非常之热，蒸焙中，人体的气息，哺乳动物内分泌的气息（可说体香，可说体臭），浓烈地弥漫在空气里，使人感到一种贪婪、秽邪、饥饿而又恶心的滋味腻在齿舌间、喉咙里。

从雕刻室出来，走在香榭丽舍大街上，让冷风吹了一阵，才慢慢呼吸舒畅起来。

仿佛忽然懂得西洋人的一种心理了。西方人在潜意识里，甚至在意识里，对于女人，与其说看作"女人"，不如说看作"雌体""兽体"。把这感觉表现得最大胆最透彻的莫过于鲁本斯了。像那些赤裸的肥男子追逐搂抱赤裸的肥女人的大画，古代中国人看到，必会骇怪并且愤怒的："这……这简直是禽兽！……这成何体统？"西洋人也并不忌讳，坦然地承认。那些肥胖蠢重的男体都有山羊的腿、山羊的角。

罗丹也表现过这样的兽体的，不过是美丽的兽。有一座《半马半女像》，女人在挣扎，有人认为她要从马的躯体中摆脱开去。这固然描写人与兽在一个个体中的冲突，但同时"也正说明人与兽在同一个体中的并存。少女的躯体连接着幼驹的躯体，同属一片白

罗丹 《半马半女像》

洁滋润的生命，同在阳光和雨雾中滋长，我们看不出哪里是分界。如此美的兽体，跳跃在林间、湖岸、海滨、丰收的葡萄田里，我们怎能不以另一只兽的伶俐、欢欣去和她游戏呢？

"兽体"和"母体"（罗丹的《夏娃》、伦勃朗的《拔示巴》所表现的）虽然表现不同的两种对女性的观念，但同是从真实肉体的生物感出发的。

1949.01.25

潘 神

邓肯把罗丹称作潘神,布尔代勒也曾把罗丹称作潘神,并且在他所塑的罗丹头像的额头发间隐隐约约地加了两只突起的短犄角,这无疑是要把罗丹的潘神特征突出来。

米开朗基罗在摩西的头上也雕了两只尖的犄角。

潘神是希腊神话里的牧神,长着山羊腿,额上有角。他保护牛羊群和蜂巢,善吹排笛,跳舞,喜欢勾引山林泉流的神女,爱大自然,漫游于山林间,任性,贪睡午觉,对情欲不知约束。他象征宇宙本然跳跃无羁的生命。

如果罗丹的气质里没有潘神的成分,有许多作品是不会制作出来的。

罗丹《两人相拥》

I　1949.01.25　潘　神

我现在观察教室里的西方同学，发现他们的确藏着这样一个潘神的小影。我以前也不是没有隐约地看到，但是在看到时，不免有一种反感，现在好像能原谅他们了，并且觉得他们的生命从那里涌出来。

罗丹是毫无顾忌地描写女体给我们的蛊惑的，像《拥抱》那无疑是媾合的酣醉的描写，像把两腿劈开来的《神的使者——伊里斯》。这样打破一切因袭的忌禁，扫荡一切掩饰与遮拦，赤裸裸地坦敞了阴性的形象，使我们坦然凝视，畅然神往，该是男性潜藏着的原始的欲求吧。忘掉一切羞怯和约束，把隐藏着的现出来，献出来，给阳光，给爱者的眼光，也是女性潜藏着的原始的欲求吧。

我们不敢承认这原始的欲求，而且怕表现不好，只落得邪渎和丑陋。

1949.05.02

莫当罗丹故居

和文清参加艺术会,游莫当(Meudon),并参观罗丹故居。大家各自默默地看,没有能交换什么意见。现在有些后悔,为什么没有问一问那些不做雕刻工作的朋友究竟在罗丹那里看到些什么?

罗丹故居有一栋相当敞亮的陈列厅,作品都是石膏质原模型。有不少名塑的稿样,像《加莱市民》《巴尔扎克》《三影》,等等。有些是巴黎罗丹美术馆所没有的。

有些稿样显然是失败的,罗丹认为作废的。有些则出人意料地成功,其表现力有甚于最后的完稿,因为那里有非常大胆的尝试,达于极限的夸张,近乎荒谬的手法,痛快泼辣,而这狂肆在完稿中已缓和下来。

有五六件裸体的巴尔扎克的稿像,相当粗率,畸形得可笑,体形粗短得近于侏儒了,但从事雕刻的人可以在这里看到罗丹如何探索、寻找。

最引我注意的是,《加莱市民》中第二个人的裸像,我称为《殉难的邀约》,像音乐曲子里有"邀舞",这里是邀同伴走向殉场去。他摆开两臂,头扭向左,作邀人前进的姿势,自己也毅然向右跨开步前去。观者绕到他的后面,会突然发现背部有一巨大的陷坑,大得惊人,好像是由于摆开两臂的动作而引起的。但是从生理上说,不可能陷落得那么深,简直违背骨骼的构造。不过在这样生死的关头,人的意志、动态都只能是超乎生理局限了。这大陷坑是隐藏着的病块,这病块即催他去死的大理想。这是一个强烈的信念所暗暗焚烧成的创口,旁人只从正面看他就义的镇定、从容、泰然,而看不到背后潜藏着这样一个痛楚的嘶喊。

这个义士和第一个高举着左手的义士有类似的体形,都是硬瘦的、骨骼峥嵘的,属于悲剧性的人物。他们和肥壮,挺着浑圆的肚子,生命力泛溢,嘴角上挂着嘲世和怜世的微笑的巴尔扎克成为强烈的对比。

和文清在大桥附近的小食店里吃午餐。当厨的少女有奇妙的眼睛，微微有些斜眼，这微妙的两条视线的错差角造成一个难捉捕的表情，使你茫惑，你不知道她在看你呢？她不在看你呢？她观察你的外形呢？她透视到你的内部去了呢？

文清已决定搬到乡下来。一位神父为他安排了一个住处，在一栋没有人住的修道院宿舍里。我陪他去看过，宿舍前后种着高大的苦栗树，白天荫翳葱茏，满室绿光，还有鸟声，很有情致。不过夜里，三层楼的古老大宿舍里，阒无人声，黑影幢幢，踏在地板上，全楼空洞地震响，大概会使人客梦不安吧。

罗丹《裸体的巴尔扎克》

1949.06.09

查德金

查德金（Zadkine，1890—1967）来教室改习作。这是我第一次看到他：短小身材，笔直脊梁，一头丰茂的白发，两团乱眉毛下，目光炯炯，看来是一个精神健旺的乐观的老头子。嘴有点突出，也很阔，用抑扬顿挫的外国口音说着流利的诗意的法语。

"我要引你们走进想象力的森林，人会迷失在其中，但是不要惧怕，在柏拉图的世界里，人照样会迷失。要大胆地走去，如果在冷风大雪里感冒，那么这第一次的感冒、打嚏、发烧，对你们有好处……人们都太胆小、太拘谨，蛰居在密封的房间里。看吧，巴黎市街的窗户都是关闭了的。人们就这样把自己关在习俗里、传统里，对自然的奴仆式的摹仿里。我为你们打开窗户，放阳光和风雨进来，让过堂风吹进来……在雕刻里要把握的是精神结构（Structure Spirituelle），这是唯一的原则，其余则任凭你们创造、改革、翻新，绝对的无标准、无限制，没有人能束缚你们……你们是自由的，像有翅膀的飞鸟……"

我还不十分了然他所谓的"精神结构"是什么。但他说的话果然使人觉得心胸开朗空阔起来。他的教授法真是引人向自由表现么？却又并不然。这次的模特儿坐在一把维也纳藤椅上，学生们都把藤椅做出来，并且把人体和藤椅组织在一起，人的腿和椅子的腿互相交错、混合、替代，人的背和椅子的背也不可分。女人的头、女人的形象都有方硬的棱角，好像家具，好像藤椅。学生们都或多或少采用他的变形方法去塑造。我感到他并没有让学生自自由由地按照自己的想法去做。

我塑的像在其中当然很刺眼。他先问我曾跟谁学雕塑，我说是纪蒙。他有些不高兴，但是点着头说："这是个好的雕塑家。"他又问我为什么要做雕塑，我说：

查德金 《俄尔甫斯》

要制作人的尊严。这一下他很不高兴了。他沉下脸,看着我的泥像,然后说:

"不要把人的尊严和因袭传统混淆起来。"

他踱过去了。我也明白,我所做的和他所要求的太不同,他也没法改。在走到旁边一个学生的塑像架时,他好像忽然想起什么来,转过头向我说:

"人的尊严就是他的自由创造。"

查德金有诗人的气质,喜说故事。当他讲幼年俄罗斯的事情,那是很吸引人的。比如他讲他的叔父,红面孔、火红头发、火红胡子的大块头,很爱他。每一次掮着猎枪从森林回来,看到他在门口玩儿,便过去用两个手指去钳他的鼻子,他痛得尖叫,叔父便放声大笑,这笑声和这尖叫就是通知屋里的家人是叔父来到了。他讲得十分生动,把我们一同带回他的童年去。

查德金生于1890年,父亲在中学教授古希腊罗马文。15岁时他被送到英国一个母系的远亲那里学英语和好规矩。这远亲看到他在俄国时所捏的小泥像的照片,便叫他随一夜班去学雕塑。在伦敦,他激动地看到了大英博物馆的收藏。曾经使他产生剧烈的震撼的是一座中国初唐木制的菩萨坐像,那上面流泻出一种大的恬静和神秘。那时他说不清是什么,但是他直觉地测察到雕刻所能发出的魔力。

1909年他到巴黎。那时的年轻人一方面固然崇拜罗丹,一方面已经把眼睛看向别处了。他们对于罗丹的赞赏是由于他对学院派的摧毁，但并不想摹仿他。他们心慕的却是罗马式雕刻和黑人面具。

　　他的教室的工作气氛是很特殊的。学生们不大看模特儿，因为他们所做的泥像和模特儿实在有很大的距离，大家只偶然抬头瞥一眼而已。模特儿也不十分固定地静止不动。在这里做模特儿该是最不吃力了。请求模特儿回到原有的姿势的只有我一个，几乎也只有我一个每隔五六分钟去转动模特儿的座盘。大家各自埋头于自己的作品中，浸沉、忘我，教室里悄静极了，绝没有人说话。我到过不少雕刻教室，最悄静的莫过于这里，好像每个人都沉醉在自己的世界里，忘掉身边的一切。模特儿休息的时候，大家也都守着泥像，继续工作。直到下课，大家才仿佛从梦境中醒来，交换轻松的微笑和简单的话语。我觉得有些奇怪，为什么在这样专注的工作中，学生们的塑像并没有能更具个人的独创性？

1949.07.16

从罗丹到今天

看雕塑展览会《从罗丹到今天》。

罗丹的作品有两件：《亚当》和《三影》。在展览会中显然是一个巨人的作品，像《神曲》一样雄壮的诗篇。纪蒙曾经用手势比划3岁孩子的高度说："在罗丹的旁边，我们就只是这样矮小！"诚然，罗丹所塑造的也是一个人体，但是那里流动的韵律震荡到他的周遭，弥漫充塞于天地之间。那是一个绝望、无助的影，在深渊的边缘，被命运支配的形，但是同时有一种说不出的壮阔的生命通过他，在那里旋转、回荡。

我感到《亚当》并不是罗丹作品的最好代表，在这里承先的成分多，开创的成分少，米开朗基罗的影响太大。如果让我来选，我必会选择《行走的人》，

罗丹《亚当》

那一个坚定雄强的动态有大雕刻传统的气息，但是去掉了头，去掉了臂，这里那里有着残缺未完的美，其大胆的创造性，很足以激发后来者的新尝试。

罗丹之后的雕塑家似乎可以粗略地分为两大流派：

一、继承罗丹的。像布尔代勒、德斯比奥、麦约……以及布尔代勒的一批学生。他们几乎都是法国人。

二、逃开罗丹影响的。像罗马尼亚的布朗库西、意大利的莫迪里阿尼、德国的莱门布鲁克、俄国的查德金、西班牙的马诺罗和贡萨列斯、英国的摩尔……他们虽然也还利用人体为题材，但处理的方法自由得多，着眼于纯粹造型的问题。像布朗库西的卵形、摩尔的骨形、贡萨列斯的仙人掌……虽然也会叫我们联想到人体，但究竟只是"联想"。我总以为把人形如此简化之后，人的意义也就被简化了。

罗丹以后的雕刻向现代风演变，愈走愈远离实在，愈专追求抽象几何的结构。这样的雕刻好像更具哲学性，更有思维性，又仿佛更属感性，拒绝观者对雕刻内容做什么思考。比如布朗库西的《空间之鸟》，鸟

布朗库西 《空间之鸟》

的形象简化为一个拉长了的惊叹号，叫人看了觉得是一个向上奋升的意欲的象征，很有哲意；但细看，却又单纯、空虚，打磨得平滑放光，只是块然的金属物质，只是工匠的精心技术，并没有什么哲学的问题。它有很浓的装饰味，但说它只属感性的愉快么，却又不然，它恍然蕴含着形而上学的玄思。那一个简略的形体在暗示，在战栗，向往远，向往高，向往无穷尽。

这些现代雕刻有哲学，有数学，有科学方法，所缺少的是人间生活的气息。这里所反映的人生没有悲哀，但似乎也并没有快乐，我觉得自己走不上这样的一条路。

摩尔《对环》

1949.08.26

巴尔扎克立像

从大学城搬到蒙帕那斯区来,觉得住到人间市廛里了。这条小街(rue Bréa)南接蒙帕那斯大道,交叉口上密集着艺术家、文学家聚会的著名咖啡馆,真是热闹得很。午后、夜晚到那边去坐坐,是很有意思的。但我总对那许多来来往往、出出进进的趾高气扬的人物和装束非常奇异的女人有着戒心,觉得他们很虚伪,故意在这里做戏给人瞧。我不喜欢大学城清静整饬的修道院气氛,也并不喜欢这里的熙熙攘攘的戏院气氛,也许我只该住到山里乡间去吧。

路口立着罗丹所做巴尔扎克披睡袍的铜像。

我仔细看了多次,总以为这里有一个问题。我认为罗丹构思的时候,并没有把阳光效果考虑在内。他

罗丹 《巴尔扎克立像》

想象里的雕像并不沐浴在阳光里。先就题材说便如此。巴尔扎克裹着睡袍,喝了浓烈的咖啡,午夜起来,立在灯影里,《人间喜剧》的人物在他四周出没,这样

| 1949.08.26　巴尔扎克立像

的雕像怎能置于外光中呢？再说手法，他的塑造法勾捕阴影，铜质的锈纹更把立体感破坏。最后雕像又被高高地放在树木的荫翳间，和枝叶相混，简直看不清楚。大多数罗丹的作品都浸在一种惨淡的气氛里，如果容忍外光，也只能是巴黎长冬的那一种阴霾满天，不知道是上午还是下午、是清早还是黄昏的郁沉沉的外光。我想起《地狱之门》。《地狱之门》被放在美术馆的花园里，阳光照在那些扭曲挣扎的躯体上，我觉得怪异，而且荒谬，就像掀开一块大石，让阳光照进蚂蚁的深穴。我想应该在冷月下欣赏《地狱之门》，或者像罗丹欣赏希腊雕像那样，擎了烛火去看。

1949.09.25
拉丁风

心情坏极,好像生命全无着落,浮在虚空里。我埋头工作,而我的工作并无真实意义,好像把根向沙漠的土地里扎下去,但是碰不到水。

死心塌地、有规律地去大茅舍画院做雕塑。模特儿是一个修长健康的挪威姑娘,通体灵活而矫健,真是北欧的美的兽。教师克莱兹(Kretz)是一个原籍波兰的犹太雕刻家,大概十几岁便到巴黎来。不像其他教师每星期来教室改一次学生的习作,他每天跟着大家一起做。虽然不是一个很有智慧的人,但眼睛很敏锐,感觉也颇细腻。今天他看了我初成的泥稿,很欣赏,很坦率地做了赞许:

"不错,不错!简直比欧洲人还要欧洲风呢,简直有点拉丁味,罗丹的那种拉丁味!"

我一时瞠然愕然,不知道该怎么回答。我正处在精神最苦闷、最困惑的时刻,我决定暂不回国去工作,是因为觉得技能还不成熟,但是在这里学习的目的不是欧化、西化,我需要探出自己的道路,并不需要变成欧洲人。在这里继续这样做下去,能找出自己的道路吗?每天这样盯着西方女人的裸体团团观察,看了又看,看了又看,能做出中国雕塑吗?

"欧洲风""拉丁风",这是说我的成功呢,还是说我的失败呢?我该高兴呢,还是失望呢?

1949.10.03
朋友的离去

到里昂车站送行。寿观、道乾、文清三人启程同路东返。很有意思,这是三个鲜明对比的性格:寿观是理性的,道乾是直觉的,文清是感性的。寿观赋有哲学气质,道乾有诗人的气质,文清是画家的气质,都是很突出的纯粹的典型,他们之间大概是不容易互相沟通的。寿观的高标、道乾的深邃、文清的沉醉于灿烂色相中,颇难会通。但他们都是我的好友,我也许是情感型的,所以能同情地了解他们每一个,并且欣赏他们各个不同的格趣。最近他们在思想上都有转变,好像是为面临那边的新情况做准备。寿观说只有耕田、锄地、收割是真的劳动,道乾诅咒艺术的无用与虚谎,文清呢,以为在新社会里画家可以尽情快活

1947年熊秉明（前左）和友人在赴法邮船甲板上

地创作。

我自己则觉得学习尚未告一阶段，决意留下。在他们看来无疑是一错误，是怯懦和寡断的表现。我们近来的讨论与争执，当然并不能得什么结论，因为归根结底，这是个人抉择的问题。他们现在离去了，带着奉献的心、热烈的大希望。我呢，目前最重要的是自己的充实，我的心情应当静下来。过几天就要开始下学年的工作，还想到纪蒙那里再做一段时期。

我深切感到在目前学习和成长的阶段，孤独的重要。太亲近的朋友会给你很大的干扰，他们不能忍受任何不属于他们预期的你的变化。他们的担忧，他们正言厉色的规劝，虽然出于善意和友情，但正如郭橐驼所说的，他们"爪其肤以验其生枯，摇其本以观其疏密，而木之性日以离矣"。他们以过去的成见来妨碍你的自由发展。尼采说"寻找知识的人不但要爱敌人，还要恨朋友"，大概也是这意思吧。

1949.10.13
极限情况

当多数留法同学回国后，我的周围突然寂寞起来。每天从城南到城北做雕塑，到大茅舍画院作速写，到罗丹美术馆作素描临摹，有时不免自问究竟在干什么。在这大城市里，挤在人群中，实在是一个荒谬的如萨特所谓的"多余的人"。而我所做的事和这些人全不相干，我处在一个"极限情况"，不禁把圣埃克苏佩里《人之地》（*Terre des hommes*）里飞行员纪约美的历险和自己的处境比较起来。纪约美在智利安第斯丛岭上空失事……爬过四千五百米的雪山……走了五天四夜才遇救……有一次滑倒了，再也无法挣扎起来，人已失去生存的欲望，只想放弃、休息、睡过去，然而他心里想："我的妻子，要是她相信我活着，就相信

熊秉明 《巴黎街景》

我在走；我的朋友也相信我在走，他们对我都有这份信心，要是我不走，就是混蛋。"他终于爬起来。我现在也好像走在冰雪里，为什么继续走？为什么不躺下来？这里的扰扰攘攘于我都是冰雪岩石长夜，是地球的那一边的家人和朋友相信我在走，但是我走向哪里？我走得出去么？

艺术家从世界的各个角落跑到巴黎来，其实都是

1949.10.13　极限情况

脱离自己的土地，拔出自己的根，变成一种孤立的荒谬的存在，在贫困、惶惑和绝望里磨炼，寻找生命和艺术最后的意义，这里在通过一个极限情况来观察个人化成怎样的元素或结晶。

我想我在这里所学的和自己的土地上所需要的可能全不相干。我又想也许要做一些全不相干的事，然后才能知道真正相干的事是什么。鲁迅不是曾寓居于绍兴会馆的阴暗屋子里抄古碑吗？人问他抄古碑是什么意思，他回答："没有什么意思。"他自说：寂寞如大毒蛇缠住他的灵魂。也就是在这时候，他被《新青年》的编者逼出《呐喊》的第一篇小说《狂人日记》。

1949.10.19
关于人体

回来后,心潮不能平静,觉得该写几个字给她。

拿出抽屉里的一叠明信片,忽然眼光落在罗丹的一幅《爱神和赛姬》上,那是一对卧着的赤裸男女拥抱的组像。我骤然像触了电似的懂得罗丹在这里所要表现的了。罗丹曾塑过许多这样一对一对男体和女体相缠织的小像,我以前竟然像没有看见他们,看到时也完全漠然,全不懂得他们的意义。现在才发现这是人的肉体相吸引、相接触、相需要、相祈慕、相占有的种种相。他们在拥抱与媾合中灼烧、振荡、酣醉,绾成多样诡奇的难解的结。我怎么一直盲了眼睛看不见呢?

若不是她,我不知道什么时候才会发现罗丹的这

罗丹《吻》

些组像？

　　这些组像好像给我和她的相遇以意义、以生命的滋味、以美的形式。我又想到抚摩她的腰际弧形的游移、肩的崎岖突兀、腹的柔软、乳房的颤动、腿肌的表面则紧张有力而润滑，已具了雕刻的定形……那一个女体有大地的广阔，有原野、山丘、海洋、冰川、沙漠……引我去飘泊、航行、探险。我同时也惊异地发现自己的躯体的存在、自己的广阔和沉重。

我惊骇地想：赞美裸体，能不同时赞美肉体的最基本诱惑吗？我又惊骇地想：没有这样的对于肉体的神秘经验，也能做雕塑吗？

在《爱神和赛姬》画片的背面写了一行字："你所使我发现的宇宙"，寄出去。

1949.10.21

希腊雕刻

民国初年蔡元培提倡以美育代宗教,讲艺术如何可以净化心灵,说希腊裸体有纯净无邪的美。我们不可否认艺术有净化作用,但是以为一经净化,女性的身体就像观音菩萨,像林泉丘壑一样,一尘不染,透明了,毫无危险地消了毒了,却也是误会的,那是用了中国人的艺术观来解释西方人的艺术了。

中国人在艺术欣赏中诚然是希冀远离人间烟火的静观。远离"人间烟火"也就是灭除一切情欲。司空图所说的"幽人空山"(《二十四诗品·自然》)的境地,把幽人和空山等同起来。人不但是静止的物质的山,而且是空寂的象征的山。无论创作者、欣赏者都必是蝉蜕了肉身的、抽象了的存在,所谓"超超神明,返返冥无"(《二十四诗品·流动》)。

希腊雕刻并不如此。希腊人面对的是人体,虽然是理性化、数学化的人体,但并不把情欲完全斩断。希腊的神虽然是完美的,但是在完美中仍然有肉感、有爱,并且有嫉妒、有仇恨、有争斗……他们的完美是肉身的健壮,强有力。罗丹说希腊雕刻要捕捉的是有血有肉的生命。《罗丹对话》的第三章有下面的一段,描写他如何在夜里点起一支烛,用烛火照明希腊雕像,让葛赛尔欣赏雕像的真实感:

"好好仔细看!"

同时,他缓缓地转动放置着维纳斯的座盘,在转动中,我继续注意到在腹部的总形中有大群细微的起伏。乍看,形体似乎是很简单的,而实际上有无比的复杂。

我把我的观察告诉雕刻家。

他点头微笑。

"能不是奇妙的吗?"他一再说:"你一定

同意不曾料到会发现这么多细节……瞧，从腹部到腿部这一带无数起伏的波浪，玩味腰际肉感的收束……现在，那儿……后腰一带，这许多动人的肉涡。"

他的声音很低，带着热烈的诚恪，他俯身向这大理石，好像爱上了它。

"这是真的肉体。"他说。

精神焕发地，他又加上：

"人会以为这是以吻和爱抚塑造出来的！"突然，他用一只手抚摩着雕像的腰侧：

"触摸这石躯，人几乎要觉出温暖来。"

过了一会儿，他又说：

"那么，一般人对希腊艺术的判断，你怎样想？"

"有人说，特别是学院派的人传播这样的见解，古希腊人崇拜理想，蔑视肉体，以为肉体是庸俗卑下的，他们不肯把物质真实的千百种细节重现在作品中。他们硬说古希腊人要给大自然上

波利克里托斯《受伤的亚马逊女战士》

课，用简化的形象创造了抽象的'美'，这样的美只诉诸精神，而不取悦于感官。说这些话的人自以为在古代艺术找到了前例来修正自然，阉割自然，把自然降为生硬、冰冷而单调的轮廓，与真实不再有任何关联。"

"你刚才亲眼见到的可以验证他们的谬误。"

"当然，希腊人以他们严密的逻辑思想，本能地强调本质的东西。他们强调人类的典型特征，可是决不取消生命的细节。他们乐于把细节含摄而融会到整体之中。由于他们倾心于恬静的节奏，所以不自觉地和缓了次要的起伏，使这些起伏不至于破坏运动的安稳，但是他们决不完全抹煞细部。"

"他们决不把说谎当作一种创作方法。"

"充满对于大自然的尊重和珍爱，他们按照所见的表现出来，并且在一切机会下狂热地表明对于肉体的赞颂。说他们卑视肉体简直是荒诞。没有任何民族把人体的美表现到这样感官性的柔和细腻,有一种迷人的酣醉荡漾在他们所塑捏的形体上。"

"这就见出希腊艺术和学院派的假理想之间的差异来。"

"古希腊那里,线条的概括性是一个总合,是所有细节交互作用的结果;而学院派的简化是贫乏性,是一空洞的膨胀。"

"希腊雕像那里,有生命在跳动,烘暖脉动的肌肉;而学院派的肥玩偶全无实质,死亡使它们显得冰冷。"

1949.10.24

罗丹和邓肯

如果蔡元培读到舞蹈家邓肯自传中和罗丹相遇的一段，必定非常惊骇的吧：

他拉了我的手，叫了一辆马车，来到我的工作室。我很快地换上舞衣，为他跳了一段忒奥克里托斯（Theocritus，希腊诗人）的田园诗，那两句诗按昂德利·波尼叶为我译出的是这样：

潘神爱着水仙
回声爱着羊脚灵

然后我停下来，给他解释我对新舞蹈的理论。

舞蹈家邓肯

可是我很快地察觉到他并不在听,他收缩了眼眶,用闪闪的眼珠在注视我,然后带着看自己的作品的神情走近我,用手抚过我的头、我的胸,抚摩我的手臂,用指端滑过我的腰,我的赤裸的腿和脚。他开始捏我的身体,就像捏塑泥。他的呼吸烘着我,使我发软。这时我的愿望就是把我的整个存在都交给他,如果不是荒谬的教育使我退后,披起衣裳,让他吃惊离开,我一定会带着欢喜真地做了。

| 1949.10.24　罗丹和邓肯

怎样的可惜啊!多少次我后悔这幼稚的无知使我失去一个机会把我的童贞献给潘神的化身——有力的罗丹!艺术和生命都必定会因而更丰富。

两年后,我从柏林回来,才又见罗丹。此后,他曾长期是我的朋友和老师。

蔡元培所说的"净化"是有的,但"净化"之后,生命并不变成无生命,情欲并不化为无欲。朱光潜曾谈"距离","距离"也是有的,但现实生活与艺术并非两相隔绝,全不相干。

1949.10.27
生命的速写

今天纪蒙来教室,改了我的泥像后说,造就一个年轻的雕刻家,他分两个步骤:第一个阶段是间架结构的训练,第二个阶段是表现活泼生命的训练。此后进入创造,雕刻家应寻找自己的风格,这是没有人能教的,是每个人自己的事。又说,在第一个阶段要多画素描,把人体看作抽象的形体结构去画,慢慢地研究点面的关系,要像画工程图那样,一张素描要画上两三个钟头。在第二阶段也要多画素描,不过那是另一种素描,要画出一个活泼泼的人体,像罗丹的铅笔速写那样,三分钟、五分钟便把对象的个性、生命抓住。

他说我可以进入第二个阶段了,不要再战战兢兢地测量间架,要放胆去捕捉对象的生命。大家是第一次听到他说这样的话,不免有些暗暗吃惊。我希望能听到他说:我已经没有什么要教你的了,你走你自己的路吧。

罗丹《女人体》

1949.10.28
迦蜜儿·克劳岱尔

迦蜜儿·克劳岱尔（Camille Claudel）和罗丹的恋爱对罗丹的艺术创作当然有很大的影响。克拉代耳所写的《罗丹传》第八章写道：

> 她（指克劳岱尔）是美丽的，是一个艺术家，并且有非常的才华。将近15年间，她是他的助手和他喜爱的模特儿。多次他把她特有的法兰西民族线条，塑造成为沙

罗丹 《迦蜜儿·克劳岱尔》

特尔大教堂的石像那样婉约而丰满的形象。他以诗人的想象力把她塑造为《思想》《法兰西》《年轻的女战士》，还有《黎明》甜美的面貌……

而那许多双人的小组像是从他们的爱中诞生的。但这恋爱故事终于是不幸的，而最不幸者是克劳岱尔。

美丽的艺术家，有一颗完整专一的心，要求绝对，不满足做一个被爱、被赞赏的门弟子，她要成为老师唯一的情感对象和终生伴侣，这就带来一段破裂和伤心的时期。罗丹以为他终究属于和他生活了将近30年的露丝，她曾经坚强地和他分担过穷困、忍耐和遥远的希望……经过了许多悲剧性的场面。克劳岱尔选择了分离，罗丹也坠入绝望的悲痛中。

她隐退到巴黎塞纳河中央圣路易岛的一所古屋里去，生活在孤独和贫穷中。四壁萧然，套间是空空的，在一些翻转过来的木箱上放置着她的

罗丹、迦蜜儿·克劳岱尔 《永恒的源泉》

作品,石膏的,少数是铜的,以及用湿布围着的泥稿,再加上二三把椅子,这就是全部家具了……

爱与赞美转变为凶狠的怨恨,这一份智慧、这一份美丽于是渐渐沉沦到最阴暗的精神分裂中去……

迦蜜儿·克劳岱尔和罗丹关系破裂在1898年。初期她仍继续做雕刻,1903年《妇女杂志》的记者访问她,还把她誉为当代法国最伟大的雕刻家之一。但是过了不久,这一个敏感热烈的心灵就完全崩溃了,她把手边的作品全部捣毁,陷入神经错乱的状态。1913年被送入疯人院,在那里住了30年,1943年卒。

迦蜜儿·克劳岱尔是近代法国诗人保罗·克劳岱尔的姐姐。诗人对他的姐姐有过如下的描写:

"轩昂的头额,荫护着灿烂的眼睛,一种稀有的深蓝眼珠,几乎只有在小说里才遇得到。阔的嘴,骄傲更多于肉感。丰盛的栗色头发直垂到腰际,是纯正的栗色,英国人称为auburn(栗色而微闪橘红)的。其风度有惊人的果敢、爽朗、优越和快活。"诗人始终不能宽恕罗丹带给他姐姐的一生的摧毁。

怎样不同的爱啊,米开朗基罗的柏拉图式的爱情!维多莉亚生于1492年,意大利贵族家庭。她不特别美,但有热烈的性格和深厚的教养。1525年丈夫死后,她在宗教和诗里寻求慰藉,属于天主教的革新派,在当时思想界人文界的聚会中扮演着重要角色,结识了当时意大利所有重要的文学家,欧洲各国思想界活跃的人物来到罗马都必定要拜访这位智慧的侯爵夫人。1535年她认识了米开朗基罗。1541年进入修道院后,

迦蜜儿·克劳岱尔　*Vertumnus and Pomona*

和米开朗基罗仍保持书信往来，表示出他们之间圣洁的爱。1547年她病故时，米开朗基罗已72岁，写了两首十四行诗伤悼她。在这一段珍贵的友情期间，米开朗基罗创作了最后的巨制：《最后的审判》、波林礼拜堂壁画和尤利乌斯二世墓。史家记载她的诗才和宗教热忱，却不提她的面貌，后人推测大概有米开朗基罗画中女性的特征：沉静严肃而略带男性的坚毅。

1949.10.28　迦蜜儿·克劳岱尔

米开朗基罗《夜》

她死后,米开朗基罗带着深深的憾恨说:"我还不曾吻过她的额、她的面庞,仅仅吻过她的手。"

米开朗基罗平生只雕过一个全裸的女体,美第奇墓堂里的《夜》,她在低头沉睡。那是一片如山岳海涛一样壮阔的美,不容我们接近、逼视,谁敢惊动那一个傲然自足的宇宙!据说雕刻这一作品的时候,米开朗基罗并未用女性模特儿。

1949.10.29

爱

枕上画出流水的涡纹的棕色细发,浅蓝湖水色的眼珠,薄薄的唇,都奇异地显出西方人的特质来。我于是不能不在心里说:"这是异族的女子。"这一种诱动忽然使我不安,使我恐惧。好像面对瑞士明媚旖旎的湖水,动人是动人极了,然而我只能以流人游客的心去歌赞。

她无声地流了泪,为什么流泪呢?我竟也不敢问理由。我又想起罗丹的那些双人的小组像。我为什么不能全然沉醉在肉体的光泽和芬馨里呢?我忽然想到,那些拥抱固然有酣欢,不也有悲剧、不幸和痛苦么?《罗密欧和朱丽叶》《耶稣和抹大拉的玛利亚》《爱神和赛姬》……

我也想起罗丹自己的悲剧。

我们的爱将是怎样的呢?

罗丹 《罗密欧和朱丽叶》

1949.11.01

双人小像

在罗丹作品中，我一向欣赏几座单独的大像，最近才忽然睁开眼看见那些双人组合的小像，都是男女裸体的组合：《永恒的春天》《亚当和夏娃》《赛姬和春天》《奥维德的变形》《达夫尼和利塞》《罪》《拥抱》《吻》《阿多尼的死》《我是美丽的》《永恒的偶像》《耶稣和抹大拉的玛利亚》《圣安东尼的诱惑》《潘神和水仙》《坏精灵》《罗密欧和朱丽叶》《诗人和女神》《山林女神的游戏》《爱的遗失》……无法记完全，因为同样姿态的人体，他往往以不同的组合方式便造出了一个新的雕塑。他尽情地玩、游戏，使我们心醉眼花。

这样一组一组的双人小像可以说都是描写性的吸引、爱的七巧图、肉体的缱绻、人的生存本能的相追逐，他们是被恶魔所诱动呢,被神所召唤呢?可怜而又神圣的游戏,羞耻而又严肃的游戏。我们可以想象在深夜,茫茫尘世,人们躲躲藏藏地在秘室里去进行,雕刻家好像把那些屋顶都揭开来,像顽童揭开大石,显示蚁穴的内景,而他以神的心展示出人们所不敢正视的爱的诸相。

和贝的事发生了之后,我才猝然发现了罗丹的这一面。

我也才知道罗丹塑造这些组像,也是源于和克劳岱尔的恋爱生活。在这里,我们又一次看出艺术家个人经验与艺术创作的密切关系。

罗丹 《永恒的偶像》

罗丹 《永恒的春天》

1949.11.02

克劳岱尔的《罗丹像》

迦蜜儿·克劳岱尔所做的罗丹像是一件杰作。罗丹的特征和性格都被有力地刻画出来。布尔代勒所做的罗丹像里,我们看到的布尔代勒更多于罗丹。当时的文艺批评家里俄多(Léon Riotor)这样描写罗丹:

> 他向你走来,衣裳上沾着石膏迹块,犹豫而且羞怯……强有力的额头,寻索的鼻子,稚趣而肯定的眼光,脸庞的下半淹没在一大片胡子里……他有孩子的惊异好奇。胸膛厚实,一如克劳岱尔女士所显示的,敦实而镇定,举动充满力量。他在你尚未知觉时观察你,沉在缄默的注视中,似乎在听你说话,却已听不到你所说的。

其实这座像最引人注意的并不是"胸膛厚实",这里并没有胸膛,值得注意的是"强有力的额头,寻索的鼻子"。保罗·克劳岱尔恶意地将其比喻为"野猪的鼻子",鼻子长而尖锐,鼻梁直通到额头,好像要把鼻子嗅出的事物直接传达到头脑里去,转换为思想。鼻子是十分肉欲的,而额头宽阔丰满。还有"稚趣而肯定的眼光",眼睛特别小,好像碉堡上的枪眼,

克劳岱尔 《罗丹像》

斥候兵时时在那里扫瞄外边的一切动静。

　　克劳岱尔似乎就为了塑出这一件作品而献出了一生，就为了爱而且歌唱这一个情人而烧毁了自己。她认识他比任何人都更深。在这塑像上，她的雕刻家的高度技巧融合了一个女人炽热痴迷的爱，从这里，我们可以懂得她后来的心碎、怨恨、绝望和疯狂。

1949.11.10
"疯 狂"

带了素描速写和荷兰女友密司的石膏像去教室。

纪蒙看了素描，很不满："生命在哪里？"要我再去看看罗丹的素描、伦勃朗的素描。

看石膏像时，他用粗大的食指指点着，仿佛去寻找突起点之间的关系，轻轻地在那上面击着节奏。同学们围在四旁。空气紧张极了，屏息静听他的判决。最后听到他点着头说："呣，还不错。但是……""但是"之后他的声音忽然变得激昂起来："太胆怯、太拘谨、太小心！要像画漫画一样去夸张。你当然看过杜米埃（Daumier）的讽刺画，但是你看过他的雕塑么？你就是去画讽刺画，大概也不会很凶狠的，所以你可以放心大胆地去夸张好了。再去看看罗丹的《巴尔扎克》塑稿，你所缺少的是一点'疯狂'。"

这样的话不仅是关于艺术技巧的问题,还涉及我的性格了。午后为美国女孩玛莉塑像,进行得不坏,但那样漂亮的女孩子,似乎很难漫画化,也可能只因为我不敢(或者不忍)把对象漫画化。

我颇怀疑,在一个老师的监督下,我们能够"疯狂"得起来么?他所谓的"疯狂"已是一种强烈的个性表现,已经属于创作领域,已经不是任何教师所能指导。

我想不久该离开纪蒙了。

今注:抄录了这一段,算一算这已是33年前的事。纪蒙逝世也已二十多年。他生于1894年,卒于1961年。我想,现在应该可以相当客观地反省一下纪蒙教学方法的得失了。

一、无疑,他给了我雕刻的基本观念和基础技术,我至今仍感激着。后来我走了很不同的道路,用铁片、铁丝等做材料,实体被代以穿空剔透的组合,但是和他的结构观念并不相违。再后又回到塑泥的质地感,在处理空间的问题上，也和他的结构观念并不相违。所以从这方面看，说我并未摆脱他的影响，也是可以的。

二、他曾很自信地说："雕刻需要时间。20年后我的学生中必有出露头角的。"这一点似乎他竟未言中。他当年的几个得意的学生到了现在也并未有特出成就。我以为这是他教学的失败。他把雕刻看得太严肃、太艰难。他把历史上最上乘的作品当作标准，让学生向那里努力，结果雕塑完全失去自由歌唱的快乐，只有攀登绝顶的恐惧和艰辛。作为艺术活动，雕塑和诗歌一样，有大诗人的诗篇，也有活泼轻快的儿歌。只顾得诗律的严谨，忘却天真的歌唱，压制内部涌出的泉源，那么路子就将愈走愈窄，最后也就走不下去了。他的许多学生就这样在一条太长太苦太陡太险的路的中途跌仆死去。所以从这方面说，我看清纪蒙的局限性之后，便离他而去。若不叛离老师，便要被老师堵死前去的路。

1949.11.19

导　师

　　访问纪蒙先生，想知道他对我未来的工作有什么意见。

　　谈到艺术创作和本土的关系，他也认为艺术家在本土上可以更充分地发挥才能。他极口赞美中国北魏、隋、唐的佛教雕塑。架上有一座隋代佛头，浑圆坚实，庄严肃穆，眼睛、嘴唇的刻画锋凌锐利，实在令人叹服。还有一座较大的唐代佛头，形体丰满，元气淋漓，有一种"接混茫"的感觉。面对这些作品，我感到骄傲，这里结晶了祖先的大智慧；又暗地感到惭愧，来西方之前，我曾经是一个瞎子，不曾看见这里的神奇。记得在中学时代、大学时代，春季郊游不免要走进一些庙宇去，看到神像只有一个反应："这是迷信者膜拜的偶像。"投之以冷漠的或者蔑视的眼光，从来没有想到好坏美丑的问题。

我说到他的雕刻见解大异于一般雕刻家，他便从架上抽出一本书，说借给我，是布尔代勒写罗丹，他读了一节给我听。

布尔代勒说，他为那些不曾直接受到罗丹教诲的年轻雕刻家惋惜。我能体会这话。有一种精神遗产是不能从书本上得到的，是通过一个活活泼泼的人、一个广博的人格、一个生命的真实经验传下去的，也就是禅宗所谓"以心传心"的道理。像罗丹那样生命力充沛弥漫的存在必是像高压电磁场一样震撼一个年轻的艺术学徒的心灵。布尔代勒自己也是一个不平凡的导师，所以能够培养出这么多的雕刻家，分散在世界各地的且不说，

唐慈善寺石佛

就在法国的，当前较知名的如贾科梅蒂、李谢、俄里柯斯特、阿当（Adam）、哈日杜（Hajdú）等都是他的学生。

纪蒙可以说也是这样的一个老师。他对雕刻有一种信心。我以为现在的年轻雕刻家没有能受到他的教诲，也是很大的缺欠，大多数的雕刻老师只能传授一些泛泛的技术，他则能为学生指出雕刻的本质。

1949.11.20

布尔代勒的《雕刻和罗丹》

布尔代勒的文章是激情汹涌的。他说:"年轻的学生,你一旦打开这本书,不要寻找无益的装门面的话。你要在字行中找出我的生命的平凡岁月,生命的历史。我把全部生命都献给了对美的热烈的追求。"

继续读下去,好像总在读他的序言,他准备说许多重要的话,但这些重要的话一直不出现。他反复地解释为什么要写这本书,读者应该怎样读这本书,然而读者始终抓不住实在具体的东西。

罗丹的谈话和写下的文字也是十分激动的,比如他写的《献给米罗的维纳斯》,很有些惊叹,但是那些话都有实实在在的内容。

布尔代勒的话,有些是不十分正确的。

他说:"我在你(指罗丹——熊秉明注)那里看到中世纪的工匠,一个古代的打石工……"其实罗丹所用的重要材质是塑泥,而不是石块;他的作品的特征也是捏塑的,而非凿打的。

他说:"你(还是指罗丹——熊秉明注)从那里过来,走过世世代代,走过罗马、拜占庭、罗马式、哥特式,一直走到我们中间。"可怪极了,为什么从罗马人算起,把埃及人忘了?连希腊人也忘了?罗马的雕刻只是希腊作品的拙劣的摹仿吧。又为什么遗漏了罗丹倾心赞美的米开朗基罗?罗丹虽然赞美中世纪的建筑和雕刻,但是他自己的风格和罗马式、哥特式没有什么关系。罗马式的朴质稚拙、哥特式的纤细刻镂,都是罗丹所没有的。

美术史家福耳(Élie Faure)在现代美术史中写道:"罗丹从来没有完全

罗丹《萨瓦拉像》

| 1949.11.20　布尔代勒的《雕刻和罗丹》

米开朗基罗 《参孙和两个非利士人》

了解中世纪的法国雕刻家,虽然他自认为属于他们一伙。那些雕刻家的表现平衡而有分寸,严谨地说出他们所感受的。罗丹也没有完全理解希腊的哲学雕刻,虽然后期走向这方面。希腊雕刻有一种超越此时此地而播散广远的回响。"

福耳特别强调罗丹和米开朗基罗的共同性:"似乎,罗丹从大地与肉体中走出,向上,吐出大地的呼喊,直到悲剧性的境地,在那里遇到米开朗基罗,而米开朗基罗从高峰走下来,带来天上的呼唤。"

1949.12.14

人体的诗篇

罗丹主要的作品可以分为两组，以男性为主题的算一组，以女性为主题的算一组，两组之间有互相对应的，加以比较是很有意味的事。

第一对：

男像是《青铜时代》。这是一个20岁左右的男体，表现男性的长成和苏醒。

女像是《少女躯体》。我称它为《待孕的女体》。中国所谓"情窦初开"的十七八岁的女体，表现女性的长成和苏醒。

第二对：

男像是《行走的人》。沉重的壮年男子的躯体。男性本质的展现，刚健、猛壮。大步前行，任何障碍都阻挡不得。

女像是《夏娃》。丰实的中年女人的躯体。女性本质的展现,容忍、坚毅。她已经怀孕,为孕育并且捍卫未来的生命,她准备接受一切勤劳和苦难。

第三对:

男像是《无上的呼诉》。跪在大地上,两臂向上直伸,头仰着,向天求祈、质问,有终极问题的答案么?

罗丹 《无上的呼诉》

罗丹 《神的使者——伊里斯》

女像是《神的使者——伊里斯》。一个粗实的女体，没有头，她把两腿尽力劈开，一条腿用右手扳住，暴露着性器官，两腿悬空，一条铁棍从背部把雕像支起，像一个符号、一朵花、一个箭靶、一个谜。人对于生命产生了终极究竟的问题，神不给回答，而创造了女人。她向我们的肉与灵做奇异的蛊惑和召唤。

第四对：

男像是《思想者》。被无数生命的问题所纠缠、困扰，凝止在那里。罗丹把它放在地狱之门的中央。

女像是《思》。一方白洁大理石上浮现起一个低头凝想的少女头。面貌细腻温柔而迷蒙。她的思想不是"提问题""求解答""怀疑""计划",而是"等待""梦幻""企慕""遐想"。

其他还有许多像可以作比较。男组的一边是悲剧的人物,像《加莱市民》和历史人物如《巴尔扎克》《雨果》《波德莱尔》。女组的一边是神话里美妙的天使和缪斯,她们在历史之外,是一些灵动诱人的象征的人物。

记得雕塑教室第一次来男模特儿时,我真是大吃一惊。因为一向看惯了女人身体的丰腴圆实,突然看到男体扁平的胸膛、狭小的骨盆、无受孕可能的腹、干硬的四肢……简直不能忍受,好像看到一种可怜的怪诞离奇的昆虫。待忽然听到旁边法国太太的欢呼:"好模特儿!"我这才猛醒过来,知道该用另一个标准去衡量,换一种眼光去观察。在那个躯体里有另一套规律在支配。

1949.12.15
《纳齐思和戈德蒙》

读贝送我的法译本《纳齐思和戈德蒙》（德国黑塞 Hesse 作）。我想，她希望我通过这本书更了解她。

我很喜欢这小说的风格，故事不多，而有许多哲学意味的议论，大略讲两个挚友一生的友情和各人不同的遭遇。纳齐思是一个理性而带宗教感的人，后来做了神父；戈德蒙是一个感性而赖本能生活的人，后来以雕刻为职业。两个性格相吸引、相排斥、相倾慕、相磨擦，两个生命在分分合合中完成了各自的命运，走完自己的道路。这故事引起我极浓厚的兴趣，我告诉贝我如何在自己的经验中得到若干印证。我告诉她，我在大学时代有一个好友，在气质上是一个真正的哲学家。读到关于纳齐思的描写，使我不能不想起他来。

如果他生在西方，也许会是一个神学家。

戈德蒙真是需要接触那么多女人才能做好他的雕刻么？

他在流浪中诱惑过那么多的少女与少妇，也被那么多的少女与少妇所诱惑，曾经发现女人临产时苦痛的面容和爱时酣欢的面容的近似。有一天他在一座教堂里发现一座圣母像，那面孔上有难以描述的微笑和深沉的悲哀混合起来的表情，他忽然被剧烈地撼动了，于是决定去寻找那雕刻家，要拜他为师，自此从事雕刻。

> 经验告诉他，所有的女子都是美的，都懂得给予欢乐。就是最平凡不足道的，最被卑视的，也会怀藏着热情和不可思议的忠实。就是颜色已经凋残的，也会给出母性的慈爱，忧郁而甘美。每一个女人都有她的秘密、她的魅力。去发现这些会给人以莫大的满足。（第 176 页）

戈德蒙完成了他最后一座雕像，展示给他的朋友

纳齐思看的时候,说了这样的话:

雕像是完全成功了,但是你听着,纳齐思,
为了达到这样的完美,有赖于我的全部青春,我

普拉克西特列斯《尼达斯的阿弗罗狄蒂》

的流浪生涯，我的爱情，我对女性的追求。这些是我汲取灵感的泉源，而这泉源快要涸竭了。我的心在枯干。这一座圣母像完工之后，我将歇手一个相当长的时期。多少时候呢？我不知道。我是要去找回我的青春，以及过去我所珍惜的东西。

戈德蒙真是需要接触过那么多女人才能做出他的雕刻么？我不能回答。但是我想，如果完全没有接触过女人，没有热烈地爱过，不曾以手用力抱过，以战栗着的手抚摩过另一个躯体，把这许多难忘的感觉通过塑泥再现出来，那么做出来的人体将只能是遥远的视觉里的淡影，冷冷的、空虚的、无味的、无所谓的。罗丹不是曾以这样的话赞美一座希腊雕刻么：

人会以为这是以吻和爱抚塑造出来的！

毕加索说：一个不抽烟的女人画一只烟斗有什么意义呢？

1949.12.16
"夏娃——母亲"

黑塞在《纳齐思和戈德蒙》里讲到的女性,不免让我一再想到罗丹的《夏娃》。

他在母亲那里所发现的不只是世界美好的一面:充满爱的温柔的眼光的蔚蓝,微笑的优美,幸福的允诺,慈爱的话语的慰安;在这慈祥之下还藏有另一面:一切大恐怖、一切阴暗、一切贪婪的欲求、一切焦忧、一切罪孽、一切绝望、一切生和死的铁律。

这青年沉坠入这些梦境,落在含义和象征的复杂纠缠中。这不仅使过去的甘美又被召唤回来,又有了它们的魅力:童年与母爱,生命初晓的金色；它们还闪动着未来，未来的威胁和引诱，诺言和危机。在这些梦中，母亲、圣母和情人都混合为一体，有时他们的出现好像一连串可怕而亵渎神的罪行，好像非死莫赎的过错，永世也洗不清。有时他也在她们那里看到完全的解救和完美的谐和。神秘的生命面向他：一个不可探测的深邃而

罗丹《夏娃》　　　　　　《倚柱而立的夏娃》

米开朗基罗 《圣母哀子像》

阴森的世界，一个荆棘丛生的森林，充满神话式的险阻——而这神秘是母性的神秘：它从哪里来，引向哪里去，它是她的明亮的眼里的小黑圈，潜伏着无数危机的小深渊。（第64页）

尼古拉斯师傅在圣母像中表现了"神之母"

的悲痛，其表情的严峻与完美，在戈德蒙看来是不可超越的。他希望自己有一天，性格成熟而技能练达的时候，也能够给"世间之母"或者说"夏娃——母亲"赋予形象，把她在他心中活着的样子如最远古最珍爱的事物般忠实地刻画出来。这内在的影像，在过去只是自己的母亲的记忆和对她的爱慕的心灵印迹，后来则不断地改变、成长。吉卜赛女丽司、莉底亚、骑士的女儿，还有许许多多女人的面貌都侵入最初的草图。不仅是爱过的女人的面型，而且是每一次心动、每一次经验、每一次奇遇都发生作用，为她增添了线条。因为这身影，设若有一天他把她变为真实，必不是一个别样的女人，而是"生命"以"原始之母"的仪态显现。有时，他觉得这形象简直历历在目，有时她出现在他的梦中。但是对这"夏娃"，他几乎不能解说什么，不知道她究竟象征什么；他只知道他要表现的情感，和苦痛、和死亡是密切地相隶属的。（第171页）

是的，罗丹的《夏娃》是母亲、圣母和情人的混合体。

这是很可怪的，也是很值得注意的。西方人在知性上有很强的逻辑性和分析力，在情感上却倾向综合与混淆。中国人相反，在知性上不重分析，语言的逻辑性不强，概念也往往笼统含糊。比如一个"心"字，意义极多，从生理的心脏到感情现象，到思维活动，到形而上学的精神都是"心"，但是在情感上却又分析得很清楚：父母的慈、儿女的孝、情人的恋、夫妇的敬、兄弟的悌，其他如仁民、爱物……都分辨清楚。西方人的一个"爱"字把这些都混合起来。许多基督教圣女和耶稣的关系都掺入了情人的成分，并且混入肉欲的激情。米开朗基罗早年所雕的圣母哀子像，圣母那样年轻，耶稣的躯体那样美，他们是母子？是情人？是姐弟？是人神？

1949.12.16　"夏娃——母亲"

1949.12.17

戈德蒙的雕像

黑塞所描写的中世纪雕刻家的生涯颇叫人神往。信仰和艺术、神秘和日常交融在一起。一座圣徒的像,是《圣经》里的人物,同时也是日常生活中的人物。戈德蒙用他的好友纳齐思做模特儿雕成了圣约翰,这像既负载着《圣经》故事的意义,又浸染着亲历的生活气息。老师傅尼古拉斯看到这像时说:

> 这圣徒充满虔诚、光辉。他是严肃的,而浸透幸福与和平。人们会相信雕像的制作者的心怀也只有光明和恬静。(《纳齐思和戈德蒙》,下同,第181页)

他又说：

　　这样的作品的诞生是神秘的。我并非特别谦逊的人，但我必须承认我的很多作品都在你之下。这并不是技术的问题，而是关乎真理的传达。不过，你也知道，这样的一件作品是做不出第二次来的。这里藏着一个奥秘。

雕成了圣约翰，戈德蒙却并不愿继续留在师傅家工作。老师傅很赏识他，师傅的女儿爱他；他很可以做师傅的女婿，继承师傅的作坊，但是他不愿平安地、刻板地当一个制造神像的工匠，他走掉了，重新踏上流浪的路。他要在生活中酝酿另一座像。

　　我所爱的是神秘，我追踪它。我已经多次看到它在一片光影的辉映中。我是艺术家，有一天我有了足够的能力，我要表现它，让它显现。这是一切事物之母在分娩的形象。她的秘密不在于某一局部如何，不在于形象的丰满或清癯，粗犷或细腻，遒强或优美；而在对立面，一般情形下不可相容的对立面，并存而且结合在这形象的平静中：生与死、善良与残忍、孕育与摧毁。（第193页）

约瑟夫·马克斯《施洗者圣约翰》

1949.12.18
哲学与艺术的分野

《纳齐思和戈德蒙》的第十九章,戈德蒙和纳齐思久别重逢,纳齐思是修道院中的神父,在为神服务的道路上走了很长的一段了,而戈德蒙则在人生道路上也遍尝了各种辛酸苦乐。他们有一段很有意思的谈话,论哲学和艺术的不同。

纳齐思说:"我从你那里学到许多东西,戈德蒙,我开始懂得什么是艺术了。过去,我总认为艺术和科学、哲学相形之下,不是很严肃的工作……我的想法曾经是这样的:既然人是精神与物质的难以确定的混合体,既然精神将人引向永恒的认知,而物质把人拉向深渊,引诱人对于短暂的事物留恋不舍，那么人就应该努力于精神生活，赞颂它，给它以意义。我习惯性地装出尊重艺术来，其实暗地里，是带着倨傲的心看不起艺术。到现在我才发现，达到悟觉的途径很多，抽象思维并非唯一的，也非最好的途径。当然这是我个人的道路，我也将坚持沿着这条路走下去；不过，我看到你，从相反的路途，也同样深刻地把握了生存的秘密，并且表现出来，并且表现得比大多数思想家要更生动活泼得多。"

戈德蒙说："你是在说我不懂什么是不凭借图像的思想。"纳齐思回答："我早已这样想，我们的思想是一长期进行的抽象活动，它背弃官能的世界，而企图创造一个纯精神的世界。然而你，正好是关切迁化无定的、有生也有死的事物。你正好是要从瞬息逝灭的一面给予这个世界以意义。你不但不逃避，相反，你全身全心地投入，并且用你的狂热的爱情给它以最高的价值，使它成为永恒的象征。我们这些纯思者，试着接近神，而把真实世界排斥了。你呢？你在接近神的同时，也爱神的创造，并且再造他所创造的。这两种态度都是属于人的，同样是不完善的，可是艺术里（比哲学里）有更多的天真无邪。"

"我不敢肯定。"戈德蒙说："但是你们这些思想家、神学家，好像更能应付生存，更善于抵抗苦闷绝望。我早已不艳羡你的渊博了，但是，好朋友，我实在羡慕你的恬静、你的平衡、你的安宁。"

"戈德蒙，你不该羡慕我，我并没有你所谓的安宁。安宁固然不能说完全没有，但长驻不变的安宁则没有。唯一的安宁是要不断去争取的。这是一场无休止的搏斗和争取。你看不见我的奋斗。你看不到这些，这是你的幸运。你只看到我比你更能控制自己的情感，你以为这就是我的安宁，其实这是一场搏斗。搏斗和牺牲是一切真正的生命所必有的，在你那里也一样。"（第305—309页）

在他们的谈话中，纳齐思可以不费力地拿他的生活纪律、思想逻辑和戈德蒙的热狂作对比，显出他的优越来，可是戈德蒙的雕像的最细微的动态，一只眼睛、一张嘴、植物的一条卷须、衣裙的一痕褶纹，岂不是比理性所能产生的一切都更真实，更有生意，更不可缺少么？这个内心充满矛盾和绝望的艺术家不是为现在以及未来的人们刻画了他们的悲苦与奋斗的象征么？不是塑造了人们的冥想、企求、焦虑和向往所可以寄托的形象么？人们的情感在这里得到提升，内心得到慰安。

他凄然地微笑并想起，在那些年轻的日子里，他曾指点过、教诲过他的朋友，这朋友曾感激地领受，并且承认他的优越，听他指导。后来呢？这朋友在无言中，创造了颠沛生涯的苦难与风暴所孕育出来的作品，没有长篇阔论，没有什么思想体系，没有诠释解说，没有规劝说教，仅仅是生命升华了的本相。他在旁边显得何其贫乏，虽然他有渊深广博的学识、修士的严格的清规，以

及辩证的思维。(第 312 页)

关于这些,不知道寿观的意见如何。这样的问题,在那边大概是不会有人产生兴趣的了。

哲学和艺术是互相排斥的吗?从精神内涵说实在是分不开的。艺术创作若没有哲学,实无价值。画一个苹果,若不能画出苹果以上的意义,那大可以不必画。而哲学若不包含丰富的现实,也一样是没有价值的。现代的哲学家都要求走向现实,要参与政治活动,要拿了枪去战斗,要写戏剧小说,通过现实写出他们的哲学思想。现代艺术家在做抽象绘画雕刻的时候,也好像在建立一个哲学体系。可是从创作活动上说,两者确是有矛盾的。做雕刻必须动手,一手拿锤,一手拿凿,把手掌磨出茧来。读哲学却是坐着不动,操作一套无形的工具,概念和推理。你在打石头的时候,当然不是在运用概念;你熟练地运用石锤的时候,并不表示你善于推理。这确是两种职业。我自己仍常要看一些哲学书,还想画画,我羡慕那些只献身于一种业务的人。我想本性如此,也是无可奈何的。若有人介绍我说:"这是个雕刻家。"我自己会先觉得奇怪:我为什么只会做雕刻呢?

罗丹手稿《男人与孩子的阴影》

1949.12.19
戈德蒙的死

读完了《纳齐思和戈德蒙》。

在戈德蒙心里怀藏了一生的"夏娃——母亲"的形象,最后竟没有被塑出来。但是他并无遗憾,在临终时他向纳齐思说了这样的话:

很多年来,我所最迫切的愿望,最神秘的梦就是塑造她的形象。这是一切面貌中最神圣至上的。我一直怀藏着她,这是一个神秘的爱之影像。不久以前,我还觉得如果不能把这面容刻画下来而死去,是不可忍受的,我的一生将成为虚度。现在呢?事情有了奇异的转变。不是我的手去雕刻,去塑造她的形象,而是她在捏塑我,完成我。

她的手在我心的四方操作,把我剔镂。她诱惑我,并引我向死亡。我的梦将随着我消灭,带走那一个巨大的母性的夏娃的雕像。我现在还可以看见它,若我的双手还有力量,我还可以赋给她以具体的形象。然而她不愿,她不愿我泄漏她的秘密,她宁愿我死亡。而我呢?我无憾地死去,有了她,死并不艰难。

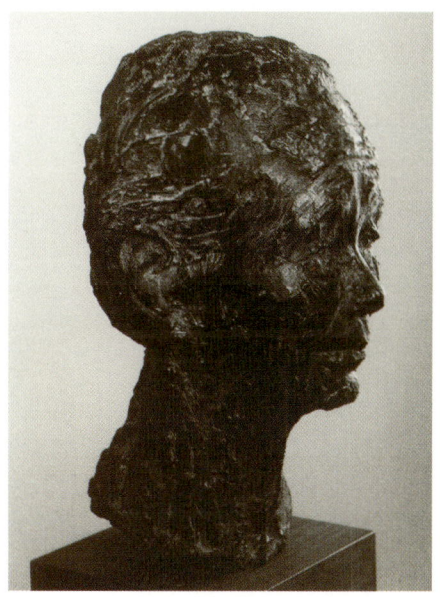

熊秉明 《母亲像》

理智的、作为神父的纳齐思，守候在他的床边，他弥留时的低微的话是：

纳齐思，你希望有一天怎样死去呢？你是没有母亲的，没有母亲，人既不能爱，也无法死。

按精神分析的理论，母亲象征潜意识。我们从哪里来，也将向哪里归去。我们从子宫的温床中来，也终将回到母腹。暂时的归去，即是休息、睡眠；永远的归去则是死亡、永眠。如果没有那一个原型的大母亲，那么回归何处？

1949.12.28

希腊雕刻家

和希腊雕刻家华尔撒米斯（Valsamis）在华宛（Vavin）街口的铎姆咖啡店谈了一个多钟头。他大概四十多岁，在大茅舍雕刻室里算是做得比较好的。作品很扎实，有点笨重，但颇有力，正如他自己的体态，有些蹒跚肥胖，但气力很大。参加过很多沙龙，在希腊做过不少纪念碑。最近他为自己出生的城市设计一座自由解放的纪念像。拿出一张小纸，给我画了一个草图。那是一个笔立的裸的女体。

我一向知道他对女人是并没有崇拜的心理的，他说男女关系只应限于肉欲，"爱不必提升到腰带以上，也不必超过三星期"。但歌颂自由光明的时候，却又借了女体来象征，这不是有着矛盾么？我把这意思说给他听。

他笑了:"你怎么把象征和实际混淆起来呢?"

我简直有些气愤了:"你怎么把象征和实际割截得两不相干呢?"

他毫不动摇,笑着说:"你不见教堂尖顶上铁铸的公鸡么?那是象征光明的,公鸡是太阳神阿波罗的标记。但是真的公鸡是拿来煮着吃的。你别把真的公鸡插到钟楼尖顶上,把铁铸的公鸡送到锅里去!"他的解释让我好笑,我当然也不会笨到把女人放到石砌的基座上,把石像放到床上,但是我觉得他的二分法未免太简单了。

他说:"面对一个赤裸的女人,你会去想她象征什么真理、自由么?一个赤裸的女人就是一个赤裸的女人!"他伸开两臂,做拥抱的姿态,那姿势伟壮漂亮得像一座雕像,使我觉得好像见过宙斯或阿波罗的雕像是这个样子。我看出来,和他辩下去没有用,我绝无法说服他。

我也就想到法国历史学家勒南(E. Renan)说希腊

菲狄亚斯 《帕提农神庙的雅典娜神像》

人是一个活泼、乐天、享世的民族,他们的神是健康的、任性的、永远年轻的。华尔撒米斯果然是在这个传统中养育出来的人物。

走出咖啡店时,觉得没有能说服他,心里很别扭,但我相信他是错的。波提切利的女体、提香的女体、伦勃朗的女体、雷诺阿的女体、菲狄亚斯的女体、米开朗基罗的女体、罗丹的女体、麦约的女体……各个不同,含有不同的内容,有不同的象征意义。以他心目中的意象雕一个肉欲的女体,如何能够代表自由光明呢?

1949.12.28　希腊雕刻家

熊秉明文集 一

1950
关于罗丹：日记摘抄
Collected Works Of Hsiung Ping-Ming

1950.01.06

罗丹和卡里叶

看卡里叶（E.Carrière，1849—1906）画展。他是罗丹所敬重、赞赏的画家和知交，是在罗丹遗嘱中唯一提到的同时代的艺术家："不幸早逝的我亲爱的伟大的卡里叶，他以画妻子和儿女而显示出他的天才，以歌颂母爱成就了崇高的艺术。"

同时展出的有同时代而道路接近的沙畹（P. de Chavannes，1824—1898）、鲁东（O. Redon，1840—1916）、牟侯（G. Moreau，1826—1898）等象征派画家。我不喜欢象征派，觉得他们的神秘很造作，颇带贫血而忧郁的病态，他们想创造一个意境，但绘画性不强，成了哲思的插图。

卡里叶似乎并不能算象征主义者，但他的确重视艺术的思想内容,对人生有热烈的宗教感,据说在政治主张上是忠实的社会主义者。作品继承了伦勃朗的光影派,几乎没有色彩,只是一片棕色调子,物体轮廓朦胧,仿佛梦幻中所见,给人一种温柔而忧郁的气氛,这气氛很让人想到比利时文学家梅特林克(M. Maeterlinck,1862—1949)。梅特林克讴歌缄默,卡里叶的画也是叫人感到寂静无声的。梅特林克说在将来的世界里人们的心灵可以不借感性官能互相沟通;卡里叶的画形象迷蒙,好像视能已经减退,而我们可以

卡里叶 《睡着的赫伯》　　罗丹 《双人小像》

亲切地接触到画中人的心灵。梅特林克说在将来的世界里人们会更深入地了解孩子、女人、动物；卡里叶以抚爱的笔触描绘母亲的吻、孩子的睡，人与人之间梦中的拥抱。

罗丹的一些大理石作品，也有这样形体温柔而轮廓含混的效果，似乎很是受到卡里叶的启示。

罗丹 《双人小像》

1950.01.29
少 女

  星期日上午做克莱因君的像，午后和雕刻室的几个同学一起去参观罗丹美术馆。弗来德（美国人）的性格热情爽朗，他特别欣赏《行走的人》；戈底（瑞士人）是一个职业雕刻家，已有不少打石的经验，他欣赏《施洗者圣约翰》；禹盖蒂（卢森堡小姐）不大说话，似乎比较注意肖像。我自己今天特别动情于《地

罗丹 《地狱之门》（局部）

罗丹 《地狱之门》（少女群像局部）

狱之门》上方，那骚动在"思想者"背后的大群女体，那许多妙龄的少女，有一切年轻的生物的娇脆和机灵。四肢、腰身、乳房，像嫩苗、柔条、新花、幼果。她们的动态轻盈、婉约、天真、诡黠，像绢巾、酒旗在春风里飘扬翻飞。我想起罗丹在和葛赛尔的对话中谈到少女的美，他说少女的鲜丽的高潮只是几个月间的事，像花朵盛放的时辰，顷刻间便要消逝的。我自想在苏格兰皇后号邮船上见到的爱尔兰少女，应当正是这放花的季节吧，我们却只能远远地看，隔着轻衫短裙去看。一般人谁能得到这样的眼福来赞赏大自然的这一神奇呢？罗丹看见了，而且把这奇景留在塑泥上。人们把大自然的神奇掩遮起来，封存起来，真是不幸的事。

我指出这些少女像之后，弗来德也热烈地说："奇妙！奇妙！"他把手指一卷一伸，好像在捏塑那些似乎富有弹性的小身躯。

我以往太注意罗丹雕刻中最富有哲学内容、人生意义的作品，忽视了这些纯粹描写生之喜悦的雕像。它们让人想起希腊的情诗、《圣经》里的雅歌。

1950.02.11

第一个工作室

到塞纳街的小工作室开始做罗拉的像。上星期日在这小室里做克莱因君的像,简直无法进行,光线昏暗,形象无法掌握,今天似乎有些习惯了。

这根本说不上是工作室,只是约十一平方米的小房间而已,一门一窗,在一所破旧之极的巴尔扎克笔下的古屋的第三层。本是滑先生走后,托周先生照管的,因为一时没有用,暂借给我。去年10月间我接收时,堆着半屋子破旧什物。一开门,一股浓烈的霉味和尘土气扑进鼻子里,蛛网从屋顶上挂下来,窗外是一很小的天井,简直像一眼井,实在纳不进多少光。我先约了里玛君帮我清除了四大木箱空瓶、旧纸、破布、破玻璃和各种废物。因为东西太多,门房让我们陆续分 4 天放在垃圾箱里。然后我约了贝来扫除蛛网积尘。最后她用掺了漂白粉的水大肆洗刷，终于，深红的砖地露出瓷色，门窗桌椅也都显出本来的面目，小小的屋子竟焕然有了生气而活起来。最近我添置了几样不可少的器皿和用具。这工作断断续续地去做，竟用了一个多月。我不能忘记我和贝在那里的第一次晚餐。这周遭的整洁、秩序和温暖似乎在孕育着未来。

目前我能在这里工作也该无怨语了。今天读到罗丹关于他的第一个工作室的话：

啊！我的第一个工作室！我不能忘记，我在那里度过艰苦的日子！

既然我的收入不足以找到更好的，我在勒布兰街租到一间光线够亮的废马厩，120 法郎，也有足够的后退余地来比较泥塑和模特儿，这一点我向来认为是最为紧要的。

风从各处窜进来，从关不严的窗子，从木头已翘的门。旧了并且被风移动了的灰岩瓦让进一股不停的串堂风。内部冰冷。墙边有一眼井，栏旁长积着水，一年四季发着钻进骨头里的潮湿。我到今天还不懂当时怎么能抵得住！

在那里我做了《塌鼻子的人》。就研习的坚毅固执和观察的诚挚认真说，我后来也没有做得更多，或者更好。当时我尽量工作！一心只想着工作。草稿、人体、完成的局部习作沿壁都是。但是因为我没钱浇石膏，每天要花很多宝贵的时间把泥像用湿布包起来。就这样，也仍然因冰冻或酷热而不断发生泥像崩坏的事故。头、臂、膝盖、躯体的部分，以及整块泥落下来，溃散在地面上。有时候我也能收集起一些残片。你不能想象我这样损失了多少作品。

自己的第一个工作室，也就是说第一次不再有人来监督你，引导你，你把自己隔绝在自己的世界里，面对塑泥，或者石头，你将自己负责，冒着一切可能的风险，寻找自己的道路。

1950.02.20
《教皇像》

《瘦女》做了两周了。今天模特儿站在平地上,我们可以由上向下看,从新的角度看到先前未看到的点面关系。这角度使我们对模特儿在第三度空间里的造型结构得到较明确的认识。

中国画家画菊也主张由上向下观察枝叶在空间的错综关系。

罗丹塑肖像,也常需要从模特儿的头顶上俯瞰下来,为了观察头颅的整体结构。他有一张钢笔素描即雨果头顶的轮廓。据

罗丹 《本笃十五世教皇》

罗丹《雨果》

说 1914 年罗丹为罗马教皇本笃十五世造像,他也希望如此俯瞰一下教皇的头顶,但是教皇认为有损他的尊严,拒绝了。这像在罗丹美术馆中,我以为是很成功的一座。刻画极精,但据说并未做完,只不过做了四场。结果教皇颇不满意:"哦,怎么是这个样子!"又说,"我想你可以参考参考利帕依伯爵(奥地利雕刻家)给我做的像,这样你可以进行得快一点。"

1950.02.26
回 去

昨晚在大学城和冠中、熙民谈了一整夜。谈艺术创作和回国的问题，这无疑是我们目前最紧要的问题了。我们的讨论总结起来，可以写成下面两个各有道理而又互相矛盾的命题。

一、从事艺术工作必须先掌握成熟的技巧，没有足够的技巧，不能得人信赖，如何回去展开工作？

二、抽象的纯粹技巧是不存在的，作为艺术家得投入生活，在生活的实际体验中创造自己的技巧，形成自己的风格。

具体地说，也就是我们该现在回去呢，还是学成了再回去呢？在理工科"学成"有个较确定的标准；在艺术上，"学成"是什么意思？在西方学了一套技术，这技术很可能不是国内所需要的。在西方初露头角，为现代资本主义社会艺坛所赏识，这样的作品和中国土地上生活的人所需要的艺术有什么关系？回国后必定还有一段长时期的摸索……总之，未来是没有把握的，没有任何既定的可靠的道路可循，只能凭每个人的直觉和预感、勇气和信心去做决定。在想象中揣测，用推理去考虑，不要说一整夜，几个整夜也谈不出结果。

当然我们也谈到离开本土能不能创作的问题。近代西方有很多艺术家是在异国完成艺术工作的，像梵高、高更、毕加索、夏加尔、康定斯基……但也有艺术家，终生留在本土，稍古的有伦勃朗，近代有塞尚、尤特里罗……罗丹的《青铜时代》《亚当》是在比利时创作的，麦约到晚年在他的乡土上慢慢完成。各有不同的命运，说离开故土便缺少营养，是不一定的，正像回到故土也不一定就结得出果实。

他们比我的归心切，我很懂得他们，何况他们都有了家室。我自己也感到学习该告一段落了。从纪蒙那里可学到的，我想已经得到。在穰尼俄那里本没有

熊秉明 黑色剪纸

什么可学。查德金和我很远,摩尔也很远,甚至罗丹,在我也非里尔克所说的"是一切"……我将走自己的路去。我想起昆明凤蠹街茶店里的马锅头的紫铜色面孔来;我想起母亲的面孔,那土地上各种各样的面孔……那是属于我的造型世界的。我将带着怎样的恐惧和欢喜去面临他们!

分手的时候,已经是早上7点钟。天仍昏暗,但已经有浅蓝的微光渗透在飞着雪霰的空际。地上坚硬的残雪吱吱地响。风很冷,很不友善地窜进雨衣里。在街上跑步,增加体温。乘地铁回来,一进屋子便拉上窗帘，倒头睡去。精神倦极，醒时已正午。

今注：也许可以说，醒来时已经是1982年。

翻阅并重抄这天的日记时，32年过去了。这三十余年来的生活就仿佛是这一夜谈话的延续，好像从那一夜起，我们的命运已经判定，无论是回去的人，还是逗留在国外的人，都从此依了各人的才能、气质、机遇扮演不同的角色，以不同的艰辛，取得不同的收获。当时不可知的、预感着的、期冀着的，都或已实现，或已幻灭，或者已成定局，有了揭晓。醒来了，此刻，抚今追昔，感到怅然与肃然。

1950.03.28

面和侧线

工作室的人体已做到第五个星期。我感到按纪蒙的方法做下去，大家总是在制作草稿，永远在打削主要的块面，永远停在粗枝大叶的阶段。于是试着观察侧线。纪蒙反对观察侧线，我以为这是纪蒙雕刻和罗丹雕刻的基本不同处。

纪蒙要求学生观察"面"，面如何受光，如何斜倾，如何旋转；面与面之间如何呼应，如何对比，如何围成立体。罗丹的雕刻由复杂错综的"侧线"所组成。一条侧线曲曲折折向远处隐去，另一条侧线曲曲折折浮现出来，层层不穷，像山外有山，浪后有浪，层次重叠。纪蒙的雕刻最后形成一个浑圆体，坚实，但少层次，少韵味，可能原因就在这里。

1950.05.08

贝的母亲

五点半便醒来了,5月的晴朗在窗外闪耀。七点半赶到东车站送贝的母亲回瑞士。贝和她的母亲看到我,有些出乎意外,显出高兴的神色。

贝的母亲是独自来游巴黎的,并且是第一次。贝的父亲在瑞士乡间做医生,酷爱艺术。半天行医,半天关在工作室里作画。他对巴黎的艺术有严厉的批判,对大都市表示厌恶并有意逃避,所以虽然妻子来游巴黎,他却不肯同行,料他此生无造访巴黎的可能,这和过去中国隐者的心理很接近,现代欧洲人中有这样的人物是很令我吃惊的。

贝的母亲温和可亲,衣着朴素典雅,处处显出是诚笃地生活、勤恳地劳作的良善妇人。她昨天在罗丹美术馆十分欣赏《夏娃》，仰看了很久，并且不自觉地把右手移到左肩上，好像移情在那雕像中。她说夏娃的动态是步下什么石阶，也许是从乐园被逐之后，走向人间的第一步；夏娃看到人间充满苦难，也充满吸引她的事物，她怀着畏惧，却又非走向它不可。这是她的命运。贝的母亲又说她还联想起米开朗基罗画在西斯廷礼拜堂天顶上的亚当和夏娃。他们被逐出乐园时，夏娃也大致是这个姿势，向前跨去，两臂抱肩。但是在那里，她折头向乐园、向蛇、向智慧的树、向她的罪做最后的回顾；在这里，她怯疑地看向下界，步向人间。

我想：贝的母亲自己的生活是非常平静而幸福的，但有一种苦痛，属于存在的，属于生活的，属于形而上学的，属于女人的，是不可逃的，这使她和《夏娃》有深深的默契。

她不过 50 岁左右，须发已经半白，脸上的皱纹也已不少，我初以为和我的母亲年纪相仿佛，不料比母亲年轻 10 岁，我也悚然想到母亲现在的面容，一定相

罗丹《夏娃》

当苍老了。

今注：这一年夏天贝的父母约我去他们家度过极美好的假期。我羡慕他们和平的生活。盖尔卜克（Gelpke）医生的作息极有规律：上午诊病，妻子是助手，兼药剂师；下午作画，早期画弗拉芒派的精笔静物，后来画瑞士风景，色调笔触很有梵高的意味。没有想到这样和平的生活并未能持久，四五年后他爱上了女儿的女友，于是和妻子离了婚，并且完全放弃医业，专门从事画画了。当然这中间经过许多痛苦的波折和磨折。新婚之后曾得一男一女,但是夫妇年纪差别太大,生活也并不美满,靠画为生更不易,后妻一度精神失常。

近年来我暑假去瑞士,总要到莱茵河畔去看看他。他生活十分孤寂。和前妻离婚后,他的好友雕刻家赫勒(Heller)很不以为然,和他断绝了来往。他几乎失去了所有的朋友,所以每次见到我都很激动,给我看一年来的作品,要我说出我的意见。最后的一批画有不少是自画像,颇表现出一种神秘的平静。1981年老医生画家以83岁的高龄逝世。前妻寂寞地独自生活也已二十多年,夏娃的影像或许还在她的梦中有时显现吧。

1950.06.12

纪念碑雕塑

在纪蒙那里,我懂得了雕刻的精髓、本质。他把雕刻浓缩到一个人的头像上。再精简下去,大概就必然结晶为布朗库西的那一个蛋形。沿这方向发展,还可以走到数学,走入哲学。但是我是从那边来的,我并不喜欢布朗库西的理性雕刻,让我想到宋儒的说理诗。

我想,回到中国必定有做纪念碑等大型作品的机会,我必须有这方面的认识和经验。于是决定进入穰尼俄(Janniot)教室,那是美术学校称作"纪念碑型雕塑"的教室。教室里以做浮雕为主,穰尼俄自己的重要作品有近代美术馆前的大浮雕、殖民地展览馆前的大浮雕,都是这一类。我并不太喜欢,觉得装饰味太重。但是教室里展示的许多大规模构图的浮雕习作,看起来很叫人觉得生意蓬勃、开阔痛快。

穰尼俄肥胖，纪蒙瘦硬，恰成对比。纪蒙十分严肃，深思苦虑，有哲学家甚至宗教家的气质，最近他制作的耶稣像，可以说是他的自塑像。穰尼俄的性格乐天享世，美食善饮。他到教室来常讲一点淫秽的小故事，带着顽童游戏的心情塑造，改学生作品的时候常这样说：

"怎么一点趣味都没有，死气沉沉的？"

"慷慨豪爽些，多给这些女人一些肉！"

在他的教室里，学生做三四米高、四五米阔的浮雕，很轻松、快活，不觉得是一种重负。在纪蒙的教室里，就算一个小的头像习作，也好像是艰难困苦的重任。我想把雕塑看得太容易或太艰难都是不好的。

在穰尼俄教室工作已将一个月，明白了浮雕的一个基本原则，即形体之面的确定是要以墙的平面做基准去着眼。这和罗丹所谓"生命从内部的一个核心向四面八方突挺出来"的说法很不同。浮雕上有一个重要问题是构图，而这构图是绘画性的，和圆雕关系甚少，却又不是绘画，因为不用绘画的透视法。

我的浮雕上有几匹野兽，到卢浮宫去参考公元前7世纪亚述的浮雕，第一次发现这民族对于动物的了解，他们不但深深地懂得牛、马、狮子，而且为牛、马、狮子给予了英雄式的形象和动态。有一浮雕刻有一养马人举着双臂，牵着两匹高大的骏马前行。养马人的筋骨肌肉好像摹仿马胫的筋骨肌肉，两匹马昂首阔步，意气豪俊，显然是久经沙场、所向无敌的征战者，它们一派主人的神态，而牵马人却是忠实的仆从。

1950.06.14

李　谢

上星期五和贝去访问李谢（Germaine Richier）。我很欣赏现代美术馆里她所做的《暴风雨》。一个赤裸的中年男体，仿佛从大火中逃奔出来，遍体烧伤，面目模糊，并且已经站立不稳，两手向前，势若倾跌。我觉得很能象征第二次大战后的西方人。

见到她，颇觉得出乎意料。我感到她的作品有深刻的内容，但她的谈话很简单，很难说是否有深刻的思想。她的性格和她的作品风格几乎相反。她是法国南方人，生在地中海边，很开朗、灵活，矮矮的，约四十多岁，健康而壮实；但她的雕刻是病态的、怪异的、阴暗的，带有超现实的倾向。她在玻璃橱里收藏着各式各样的枯槁扭曲的树枝，带疤带结的木桩，许多雕

李谢 《暴风雨》

像的变形是从这些干木头中得到的提示,甚至她直接把这些木头嵌到塑泥里去铸铜。她的人体几乎都是干瘦如柴。有时很硬劲,使人想到胡小石先生书法的笔意,有时让人嗅到骷髅的死亡气息,使人悚然。

她和纪蒙真是有趣的对比。纪蒙收藏古雕刻杰作,向它们学取雕刻的大经大法;李谢则收藏树枝岩石,从大自然汲取生住灭坏的秘密。纪蒙博学,善于理性分析;李谢则凭直感追索潜意识的奇梦。纪蒙本人胸中颇有些块块垒垒的忧思感愤,而作品却是饱满与平衡的;李谢本人活泼、爽快、健壮,而所做的却是颓废病残、阴沉怪诞,即柳宗元所谓"窍穴逶邃,堆阜突怒"。

1950.10.27
俄里柯斯特

和希腊雕刻朋友费罗劳斯（Philolaos）一同去看俄里柯斯特（Auricoste）。他的住所在巴黎第十四区，是带有小院的一连串平房，那里都住着艺术家，深幽悄静，很有点中国住家的情趣。客厅里陈列着的石膏像都朴素有味。后院搭有半边屋顶的简单工作室。正进行的是一个老妇头像、一个男人头像和一块用石膏浆摊流出来的他所谓的"浮雕"。他比我们长十岁左右，和贾科梅蒂、李谢、哈日杜等人是一代，且都是布尔代勒的学生。他认为李谢和贾科梅蒂都代表西方文化颓废悲观的思潮；他自己则代表新文化的来到，情绪是乐观的、肯定的、向前的。但是以我们旁观者来看，他的作品没有充沛的生命力，并担不起这样的任务。

他的头像都显得简略。其他的尝试，像用纸浸了石膏浆构成的小人物更是脆弱单薄，用石膏浆泼在石膏板上的"浮雕"同样缺乏实在感。法国北方一个煤区为纪念第二次世界大战的牺牲者，请他做一组描写集中营的浮雕，他也用了这手法。我觉得那些形象太淡、太薄，怎能用来纪念如此沉重的历史悲剧呢？

作为布尔代勒的学生，他们都走了和布尔代勒相反的道路，正像布尔代勒走了与老师罗丹相反的道路，

贾科梅蒂 《安妮特胸像》

自称是罗丹的"叛逆的门弟子"一样。罗丹讲塑造法，布尔代勒讲建构，他们第三代虽然没有放弃建构观念，但他们所做的不再是大纪念碑，相反，走近了罗丹，细致推敲刻画。有人已经嘲笑罗丹的作品是近视眼的作品，而他们的分析更细密——李谢做头像，是一毫米一毫米去测量的。贾科梅蒂的头像本来就小，观者必须倾身俯首鼓目去看。在表现的内容上，他们也都失去布尔代勒的豪壮气魄，有很深的痛苦惶惑，相当接近《地狱之门》的气氛。俄里柯斯特虽然自说是乐观的，其实只有一种游戏的快乐，那快乐并不深。

熊秉明文集 一

1951
关于罗丹：日记摘抄
Collected Works Of Hsiung Ping-Ming

1951.01.10

麦涅和罗丹

麦涅（C. Meunier，1831—1905）是描写矿工、锻工……各样劳动者的雕刻家，和木刻家麦绥莱勒（F. Masereel，1889—1972）、诗人维尔哈伦（E. Verhaeren，1855—1916）都是比利时人，都以现代都市和工业文明做题材；虽然所用的表现工具不同，但是可以说是同路人。麦涅作品里有一种现代风的写实主义是罗丹作品中所没有的。

在克拉代耳的《罗丹传》中提到罗丹在比利时时期曾结识麦涅，说那是一个"勤劳而贫困"的雕刻家。从作风上看来麦涅好像是比罗丹更年轻的一代。没有想到麦涅比罗丹几乎长十岁。

巴黎艺坛很少讲到麦涅，也几乎不谈麦绥莱勒，

麦涅 《锻工》

在中国我们都很知道他们，还有珂勒惠支（Kollwitz, 1867—1945）。法国文艺批评界的注意力好像集中在居留巴黎的艺术家，对欧洲其他国家的情况便很生疏。比如克利那样重要的画家在这里也不大提到。这是法国艺坛的狭隘。又像日本板垣鹰穗《近代美术史潮论》中曾提到德国雕刻家克林格尔（Max Klinger, 1857—1920），作者拿来和罗丹作比较，以为他们各代表德、法两个民族的特性。在这里我还没有听到过有人提到克林格尔。

梅特林克曾这样写过:"在我看来,雕刻是艺术中最为特殊的了。雕塑必须把生命中极稀有的、绝对的而毫无瑕疵的美的时刻固定下来,无论是悲,是喜,是纯形,凡雕塑出来的动态如果不是可歌颂的,那么毋宁说是一件永远不可饶恕的、不能叫人忘记的罪过。在今天,罗丹和麦涅,一个在感情世界,一个在劳动世界,是唯一抓住了两三个这样的稀有时刻、这样壮美的动态的雕刻家。"

1951.02.03

雕刻家的生活

克拉代耳的《罗丹传》详细地记载了罗丹几件大作品的诞生和在当时文艺界引起的风暴:如何订件,如何受评审,如何受攻击诋毁,他的朋友如何为他激烈辩护。"《加莱市民》事件"从1884年拖到1895年,"《巴尔扎克》事件"从1891年闹到1898年,"《雨果》事件"历时最久,从1886年闹到1909年。这些掌故好像和艺术本身没有直接关系,但可以看到罗丹的每一件新作品如何给人带来一个新问题、新困惑、新挑战。1908年他答《晨报》记者说:"我已不为我的雕刻力争了,它早已应该能为自己辩护。说我视《巴尔扎克》为儿戏、草率了事,在过去,我听到会跳起来,今天呢,我随它去,只管自己工作。"

事实上，在他晚年的盛名下，他又怎能安静地工作？他的工作室有好几处，已经成了艺术爱好者来巴黎游览的胜地。许多贵妇人、奇女子觊觎着，伺机侵入到他的生活里来，英国国王亲驾访他，希腊国王邀他游希腊，教皇请他造像，牛津大学授予他荣誉博士……他不得不找大量助手来完成太多的工作，像布尔代勒、德斯比奥……在各种各样的干扰下，他变得烦躁、多疑、易怒、健忘，自己痛苦不堪，亲近的人也痛苦不堪。

罗丹在工作室　　　　　麦约在工作室

麦约晚年住在法国南部，远离扰嚷喧嚣的巴黎艺坛，平静地制作他的女体，从容地，不计年月地。他不是一个暴露锋芒、惊俗骇世的艺术家，一生没有什么动人的事迹。只要看他在南方阳光里做雕刻的照片，一个清癯的、长着白胡子的老人，穿着沾满石膏斑迹的工作服，像一个老工匠，又像一个老哲人，那里有一种和平、恬静和幸福，使人向往。要我在罗丹和麦约两人的生活中选择，我会选择麦约的。

1951.02.04

罗丹的性格

罗丹的性格究竟是什么样的？我很想知道。

心理学家荣格（Jung）把人的性格分为四种类型：理性的、情感的、感性的和直觉的。我想罗丹大概可以归入"感性的"。他的细小而炯炯若炬的眼睛、尖而高的鼻子，都像敏锐的雷达那样的仪器，不断探测外界，细辨外物的特征、它们的变易和轨迹。他有空间组成和形体结构的敏感，那自然不必说，他还有嗅觉的、触觉的敏感。如果他有哲学，那哲学直接生根于感觉对象。他也讲善，讲至善，讲艺术的社会价值，讲宗教信念，而其论证都是来自当前周遭目睹耳闻鼻嗅手触的事物。他要说服别人的时候，则把这些意念通过指尖实现在泥土上。他的嗅官、触官、视官时时

罗丹 《莫扎特》

在发出信号,给他以生的欢喜的激动,让他在赞美中生活而且创造。这频频传来的新鲜强烈的信号不容他做耐心的推理,构筑抽象思维系统;他也不会感觉到推理与系统的必要,因为最能说服他的不是推理的巧妙严密,而是感官获取的资料的真实。最能说明这一点的莫过于他写下的杂感了。那些对于风景人物、对于古建筑古雕刻的赞赏,全是一些激情的惊呼。克拉代耳描写他的眼睛"放射一种有透射力的好奇,表现一种森林野兽的机智,甚至狡黠"(《罗丹传》第33页)。

同时,他的壮健而灵敏的躯体需要消耗体力,需要和石头、塑泥搏战,在这战斗中体验生的快活、酣畅,像举重运动员在几百斤的压力下挤出"我在"的大满足。罗丹曾为他同时代的雕刻家法尔盖尔(A. Falguière)塑过像,在《对话录》里他描写法尔盖尔是"一头小公牛"。雕刻家多是这一类型的人物,罗丹自己、布尔代勒也都是这样身材短矮而粗壮结实的"小公牛",似乎这样的体型才最适于和岩石的重量与坚度去搏斗,所以里尔克说他是一个"行动者"。这行动同样不容他和抽象概念慢慢打交道。他的表现方式也是视界的、触界的,以至嗅界的。

但是他的感受和表现比一般雕刻家深刻,因为他的感受和表现不限于感性层次。他有一种哲学需求,一种虔诚热烈的宗教情操,对大自然,对人,有一种广大的神秘感。所以当时的文学家米尔波(O. Mirbeau)说:

他永远接近生命,在生命中,在生命的战栗

中,即使他似乎超越于生命之上。他在梦中。我们的不安、颓丧、兴奋、英雄气概、热狂、情欲,他都移译出来,表现出来,比一个诗人更充分,比文字更好:以形象。

罗丹描写米罗美神的一段话很可以反映他的造型和哲学的混合气质:

> 这躯体的含原动力的侧线帮助我们了解,启示给我们世界上的比例。奇迹是:这些侧线的总合,在纵、横、深的三度中,以不可知的魔术,表现了人类的灵魂及其狂情,表现了一切事物底层的本质性格。

1951.02.05

现　代

贝讲述她过去在瑞士怎样学画，忽然说："我的画太不'现代'了。老老实实地画自然，毫无改形。我简直和我的父亲，和阿米叶特（Amiet）是同辈的人物。"阿米叶特现在已八十多岁，是后期印象派的瑞士重要画家，画面色彩鲜丽，比莫奈的色彩处理又进了一步，但是对于对象的形体相当忠实。贝曾跟他学过画。其实就色彩来说，是有其现代风的。但是她来巴黎之后，渐渐不满意于她自己的道路了。我说："我也不'现代'。"她说："你的情形不同，你来自另一个文化。欧洲艺术对你来说，大概是一个整体，从伦勃朗到毕加索，从米开朗基罗到罗丹。"我说："那不然。我当然有'现代'的问题。我崇拜提香和伦勃朗，但和你一样，我并不能画提香、伦勃朗风格的画。此外我还有一个地域的问题。我虽然欣赏毕加索和克利,我也不能学他们。我的问题比你更麻烦。我到现在虽然把罗丹当作老师,但是我很清楚地知道,他所做的究竟不是我所要做的。现代画家多得很,现代雕刻家也多得很,谁最能代表'现代'?我想'现代感'是每个人自己去发掘出来的。"

  我对贝说的时候,好像能够很冷静、很明智,但是暗暗地我感到这正是我所苦恼的问题。罗丹说"服从自然",又说"说到自然,其实即颂扬自己的灵魂"。这意思正符合唐代张璪所提出的"外师造化,内得心源"。这话十分精约地把艺术创造的来源说出了,看来是很正确的,但似乎被现代艺术家所扬弃了。对外,他们不再讲"服从自然",他们要提升自然、剖析自然、解释自然,对自然做大胆的改造、粗暴的试验,到了我们完全不能辨识自然所提供的素材的程度。向内,也不再限于忠实地表现感情,他们或者极度夸张感情,如表现派;或者排斥感情,理智地冷眼静观,如几何抽象主义;或探索感情以下的心理领域,如超现实主义……大概也可以说,现代人把"造化"和"心源"的意义大大扩展了。显微镜下的景象也可以是造化;疯狂人的感受也可以是心源。属于我自己的路在哪里?我知道我现在还在做基本功夫,然而就是基本功夫,也是隐约地引我向一个方向去的吧。

阿米叶特 *Dorf mit Kirche im Bergell*

1951.02.08

临塑《行走的人》

在学校的院子里遇到美国学生,他说一个星期以来纪蒙让大家临塑罗丹《行走的人》,实在可以学到很多东西。我一听,兴致极高,赶快随他到纪蒙教室去。果然教室中央没有模特儿,伟然立着一座白色石膏质的《行走的人》。学生的塑架上也都是小型陶泥的《行走的人》。

我细看石膏原作,又看同学们的临摹,觉得这工作不好做。

那作品是大刀阔斧的草稿式的风格,细节往往有夸张,有缺省,我们如何去摹仿这老练的手法呢?整个作品给人的印象气势浩瀚,细节和整体融为一气,偶然性和必然性打成一片,学生如何辨别必然与偶然?

又如何能依葫芦画瓢地学做斑驳狼藉呢？

所谓天才，就是在表现的手法上泯灭了必然和偶然。一句话，一个笔触，一团塑泥，好像是随手拈来，毫不经心，十分偶然的；但是却又准确地、巧妙地、有力地表现了作者的意念，使人觉得只能是如此，非如此不可，无可代替，绝对地有必然性。中国艺术中所谓"纵横恣肆"，正是描写这一种把偶然与必然糅合了的创作方式。这是创作的最高境地，学生怎么学得来呢？

《行走的人》没有头，也没有两臂，好像残缺的古像，但是这残缺又俨然帮助了雕像的表现性，是必然的。正因为没有头，没有臂，"走"的姿态更突出、强烈。好像走到他自己的毁灭、天地的毁灭，最后只剩下断躯和跨开的

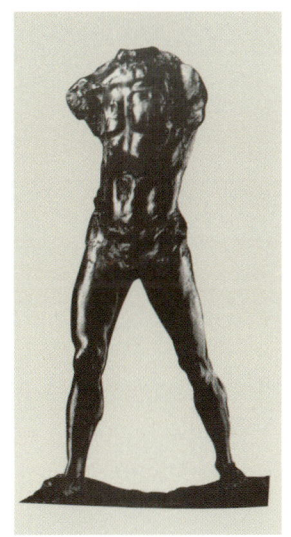

罗丹《行走的人》

大步,一个最单纯的"人"字。这样的断割在当时是雕刻上的大反叛,学生如何学习呢?

可惜我已离开纪蒙,无法亲自去体会临塑的经验。而我窃窃怀疑临塑《行走的人》的好处。如果我来选择,我一定选《青铜时代》。《青铜时代》是罗丹的第一件大作品,带着虔诚写实的态度工作,观察细腻,刻画深入。据记载,他每天工作4小时,从1875年到次年12月足足做了一年半。我不懂纪蒙为什么不让学生从规律森严入手,却从奔放自由入手。

1951.02.10

罗丹的浪漫主义和《行走的人》

记得在大学时,我曾在一个读书会上讲过罗丹,主要的意思是说他是一个浪漫主义艺术家。现在我想这说法仍是对的。浪漫主义的一些主要观念都是罗丹所有的。

一、个人主义。罗丹所描写的对象是个人。即使是群像纪念雕塑,主题是民族的历史故事,像《加莱市民》,他所偏重的也还是每一个个人。他们的步伐不一致,每一个人负担着他自己特殊的悲剧,每一个人都好像在苦苦沉思。

二、歌赞缺陷,歌赞痛苦。既然描写个人,而个人具有特殊性,有缺陷,有生老病死,然而正是通过这些特殊性、缺陷、脆弱性,个人获得存在价值和意义。

所以罗丹塑造了塌鼻子的人、隆肿的母体、老妓枯槁的身躯、老了的雨果……浪漫主义者要在惨烈中看生命的活力，在斑驳破碎中看见美，在枝节断片中看见无限。

三、自由和动力。凡是浪漫主义的诗人、艺术家都歌颂自由。拜伦不但歌唱自由，而且亲自参加希腊的解放运动，在这运动中死去。罗丹曾参加伦敦海德公园拜伦纪念碑的设计，他的草图没有中选，这是他引以为遗憾终生的。给雕刻以表现上的自由的，到罗丹可说达到极致。他的雕刻不再和建筑有什么组合关系。即便《地狱之门》是一座门，那上面的雕像都要跳出来、飞去、陨落，和任何中古以及文艺复兴时期的门饰都不同。他的每一座雕像都环绕着广阔自由的空间，没有严格的正面、侧面。每一座雕像都具有强烈的动感，它们不一定在走动，但整体是紧张的，内部燃烧着向什么地方去的欲求。

四、爱大自然和泛神论。罗丹虽然描写个体的历史、人世的悲苦，但他是从爱自然出发的。在遗嘱中他向年轻的雕刻家说:"让'自然'做你们唯一的女神。"他也描写那些尚未被生活苦难折磨过的、青春的、活泼的、玲珑姣好的、新鲜如小兽的少女。他一再谈到大自然的神秘,谈到对于大自然的宗教感,谈到艺术与宗教的不可分。

五、生命的悲剧感和英雄主义。个体究竟是脆弱的,毕生的跃进与奋斗,最后终归死灭。生的欢喜和痛苦络织在一起。没有阻挠与灾难又如何显现生命的勇猛和倔傲呢?整体地看,生命是一悲怆的长曲,英雄的歌。谈到雕刻上的罗丹,我们不能不想到音乐里的贝多芬,他们的作品都同样充满生命经验的丰富内容,瑰丽而惊心,一如那些浪漫主义画家巨幅的战场、海上的风暴、死亡的孤筏、猎狮与猎虎的场面。

把这许多观念综合熔铸在一起,淋漓酣畅地表现出来的,莫过于《行走的人》了。

大迈步的动态!走在风云激荡、日夜流转的大气里。残破的躯体,然而每一局部都是壮实的、金属性的,肌肉在拉紧、鼓胀,绝无屈服与妥协。

它似乎并不忧虑走向何处,它带着沉着和信心前去。

我们不知道它的表情。它是微笑的还是忧戚的?睥睨一切还是踌躇满志?泰然岸然还是悲天悯人?都无,都有。准备尝一切苦,享一切乐,看一切相,听一切音,爱一切爱,集一切烦恼……而同时并无恐怖,亦无障碍……直走到末日,他自己的,或者世界的。

且有一半已经毁灭,已经消逝,已经属于大空间,属于无有,属于不可知,属于神秘。人的行走已跃级到宇宙规律的运行。

天行健。

悲壮的,浩瀚的,如贝多芬《第五交响曲》的雕像。

或者可以说罗丹是西方浪漫主义思潮的最后一个艺术家,罗丹出现的时候,在别的领域里,浪漫主义都已成为过去。罗丹之后,雕刻也将和浪漫主义告别。雕刻家不愿再背负太多、太重、太激动的狂情。他们如果悲哀,那是形而上学的悲哀;他们如果欢喜,那是纯存在的欢喜。

1951.02.11

《行走的人》的年代

《行走的人》的形象似乎只会在一个艺术家的晚年才可能塑造出来。无论在意境的丰富和集中上还是在手法的老练和自由恣肆上，都需要经过那么多时日才能终于达到。但是我查罗丹作品目录，它却是创作于1877—1878年间，与《施洗者圣约翰》同时的作品。那时罗丹不过38岁。

并且这作品先于《施洗者圣约翰》，因为它原是《施洗者圣约翰》的一个草稿。再细查，则发现这草稿到了1900年才第一次被展出。大概这时候罗丹才把这作品做了最后的修定，认为可以视作卓然独立的作品，加以放大，当作完成的作品问世。

这时罗丹60岁了。那么应该说，这雕像从雏形到完成，酝酿了二十多年，所以仍然可以说是罗丹晚期的作品吧。这作品既包含了创作者早期的理想与才力，也包含了晚期的成熟与经验，记录下创作者漫长的劳动生涯的锻锤痕迹，因此足以称为他的代表作是无疑的。

罗丹《施洗者圣约翰》

1951.03.04
一个日本人

大茅舍画院的雕刻室有时悄然飘进一个日本人。中年模样,矮个子,灰色朴素西装,方方脸型,眼睛静静的,隐隐发出好奇的眼光,四面探视,但并不是寻人说话,而是有些惊戒的神色,颇矜持,不多话,不,简直不和任何人说话,他会不会说法文,竟也无法知道。他每次来,总选一个很小的支架,做一个不到三十公分的小泥像。我的雕塑架摆在靠窗明亮的一边,他的却总在教室阴暗的角落里。我从远处望去,看得出那泥像和模特儿大不一样,肥肥的腰身,短短的腿,整体作纺锤形,俨然一个日本女人的比例。我觉得很好笑。不到一个星期,日本人便不再来,那日本女人小像也就不见了,也许毁了,也许浇了石膏,谁也不晓得。

按通常惯例，雕刻室一个月换一次模特儿。等到换了模特儿，他又悄然出现，同样，又有一个和先前差不太多的日本女人的小泥像在他的两手之间塑出来。

　　这样看了几次，我可以说有一种感动。那小巧而又有些钝滞的小女体，很像日本浮世绘里有点布娃娃样的女人，很像日本版画描绘沐浴场面里的女人，可爱又可怜，姿态局促不自然，而有一种拙趣。我于是想这大概是一个战前流落在西方的日本艺术家吧，思念故国的心非常之切吧，梦着西京、东京，或者什么乡间旧识的姑娘吧，名字叫作芳子、春子什么的。是有意识的呢，还是下意识的呢？总之做来做去，总是那样一个遥远而固执的倩影便在手指间硬跑出来。有一次模特儿休息的时候，我好奇地想走近去看一看，他似乎很敏感地已经察觉，很机灵地顺手用湿布把泥像裹起来了。我一时很踧踖，似乎友善地对他点了点头，他也似乎会心地用眼光招呼了一下，而已经悄然飘出去了。

　　我觉得他有一种幸福。他并不在这里学西方雕刻，他并不摹仿罗丹，摹仿布尔代勒，摹仿布朗库西，他也不听任何教授的指导，或者同行人的议论。他只试着把心里的形象塑出来，好像原始人塑造小"维纳斯"那样。他决不吃力地去做邯郸学步的傻事。他是不是也想得什么奖？我不知道。但做的泥像那么小，看来决不会想以怎样的杰作去轰动沙龙。看他默默地用两手在那小小的、带着可怜可笑而钝滞的姿势呆立的日本裸女的泥像上捏着捏着，我觉得他有一种幸福。

我们紧张地睁了眼看，倾了耳听，惶惶然学习，走许多迂回的路，最后还不是为了刻出自己心里的形象么？

1951.03.16

梁代墓兽

和贝去周麟家，看到瑞典中国美术史家喜龙仁（Osvald Sirén）的《中国雕刻史》，书中的汉代石兽和梁代石狮给我以极大的震动和启发。

如果比较各民族对狮子的刻画，那么亚述的狮子是英雄型的。亚述人是好战的民族，而他们那里有狮子，与狮子角逐搏斗，他们深悉狮子的性格和筋骨结构。试看藏在伦敦的浮雕《狮子中箭》，狮子与人同样孔武有力，人与兽站在平等的地位相较量、相赞美。埃及的狮子已脱离现实，失去野兽的特性，具有象征的意义。狮身人面像的狮身表现法老的权威和尊严，那是帝王型的狮子。希腊人很少描写狮子。在德尔斐有一列石狮，那是修长近于灵智温顺的兽。波斯人喜欢用狮形来做浮雕装饰。它们皱起鼻子，鼓着圆眼，咧出尖锐整齐的牙齿，但那只是一种作态，决不凶猛，已经接近中国民间耍绣球的花狮子了。中国本没有狮，关于狮子的故事是通过西域传来，狮的形象当然也是辗转听来。但是正因为中国刻工没有见过实物，不受实物的牵绊，狮子成为与龙凤同类的神话角色，可以任他们的想象力去塑造。它不再是匍行在草莽中猎食的哺乳动物，它超出了禽兽的概念，超越写实技术所能表达的形像与神态，变得巨大、离奇、神秘、威猛，含了一切人们有意识地和无意识地给予的意义。梁代以前的狮是一匹咆哮迈行的怪兽；梁代以后的狮是蹲在宫阙门前凶恶的警卫。唯有梁代的狮具有沉重庞然的形体，长着短短的硬翅，四爪稳立在地，张开大口向天，挺圆了胸，勾卷了尾，凌然、巍然、浑沦浩瀚，变成一种迷离的玄学的符号。

这里储蓄着元气淋漓的生命力，同时又凝聚着对存在疑惑不安的发问。那时代的宇宙观、恐惧、信仰、怅惘……都从这张大的口中吐出来。生存的基本的呼喊！无边的无穷极的呼喊！孔子说："未知生，焉知死？"对于生与死，他不能也不愿给一个肯定的回答。此非狮子的金狮子立在古帝王的墓侧，在生与死的边界上，在茫茫的旷原上，欲明死生的究竟，流露神存神灭的困惑。这超狮子的狮子吼使山川震摇，日星欲坠，1500年之后的我们欢喜、愁怆、憔悴、战栗。

在中国雕刻史上，这"天问"式的狂歌实在是奇异的一帜。这里不温柔敦厚、不虚寂淡泊，没有低眉的大慈大悲，也没有恐吓信男善女的怒目，这透彻的叫喊是一种抗议，顽强而不安，健康而悲切，是原始的哲学与神话。

我想到罗丹的《浪子》，那一具跪着、直举双臂、仰天求祈的年轻的细瘦的男躯，那也是"天问"式的呼诉。但无疑，我更倾心于南朝陵墓的守护者，也许我原属于那一片土地，从那一片土地涌现出来的呼唤的巨影更令我感到惊心动魄。

我记起1947年离开祖国之前逗留南京，父亲当时也因事到南京，有一天同去城外看望一个弟弟的坟，

梁代墓兽

他在 1933 年因病夭折，年纪不过 4 岁，是一个极聪慧可爱的孩子，在我记忆中印象极深。他入葬后，我们一家长住北平，抗战时移居昆明，所以不能凭吊慰藉幼小的灵魂已二十多年，回想这期间的战乱流离，很有沧桑隔世的感觉。到了墓地，简直什么痕迹也看不见了。一片荒野穷村，满目凄凉，父亲和我坐在一家茶馆里休息，黯然无语。坐了良久。村旁就立着这样一个巨大古老的石兽，在怅惘、凄恻的情绪中，这无声的长啸就仿佛在我自己的喉管里、血液里、心房里、腑脏丹田里，我是这石狮子，凝固，进而化石在苍茫的天地之间。这长啸是一个问题，这问题没有答案。

走出周家，在蒙帕那斯的咖啡店里和贝继续谈。我们谈到东方艺术和西方艺术在今天如何走着相反的道路。西方现代艺术家想跳出传统写实的窄路，试着用其他可能的造型手段来表现。而中国艺术不曾走上客观写实的道路，今天试学西方，用写实的造型手段来表现。我们的文化要走向人间，走向现实，走向物质。同样的趋向表现在其他方面有科学思想的吸收和唯物哲学的引入。

贝于是问："那么你自己的道路呢？"我说很难回答，但总的说来当是走向现实的。

晚来给陈写了一封信，其中这样写："你说艺术上的国际主义，我不完全否认。诚然，在埃及希腊雕刻之前，在罗丹、布尔代勒之前，我们不能不感动；但是见了汉代的石牛石马、北魏的佛、南朝的墓狮，我觉得灵魂受到另一种激荡，我的根究竟还在中国，那是我的故乡。"

1951.03.17

马里尼

我想起意大利雕刻家马里尼（Marino Marini）来，在法国很少有人讲起。抗战期间我偶然在一本美国《时代周刊》上看到介绍，上面印有一张图片，虽小，倒也看得清楚，很给我触动。那是一个骑士。人是赤裸的，马也是赤裸的，没有鞍辔。马静止立着，颈子平伸出去，仿佛在用鼻子探嗅前路，而没有结果。人仰着头，一字展开两臂，无助地向天询问，也听不到答案。大概是人与马走到生命的一个十字路口，踟蹰

马里尼《马与骑士》

彷徨，或者竟走到一个穷途上，不能再前去，于是马和人被同一个存在的惶惑凝冻，结成一个"天问"式的造像。我在这里面看到的哲学意义，可能是很主观的，但既然看出来，就无法排斥掉，这也是没有法子的。

马里尼《骑手》

| 1951.03.17　马里尼

1951.03.20
《和雕刻家的谈话》

买到法国哲学家阿兰（Alain）的《和雕刻家的谈话》，一本小册子，论雕刻和其他艺术上的问题。发现其中有一些观念和纪蒙的很接近。纪蒙专造人像，他以为人像是最能传达人的精神性的，他不追求生动，而通过造型特性和内在架构来达到肖似。所以按一般人看来，他的头像是很刻板生硬的，和罗丹作风几乎正相反。罗丹的女像，滋润灵动，男像则起伏和皱纹都比实际强烈得多。纪蒙把表面的一切偶然成分都扫除，表面光光滑滑，整个形体像一口铜钟，也正是阿兰所说的雕像应有"陶罐的浑圆"。他的人像不笑不愁，不言不动，无表情，也正是阿兰所谓"无表情的表情"。

书中有些话值得译记在这里：

> 我羡慕出钱雇用的模特儿，大概只有雇用的模特儿是真正被画出来或雕塑出来。在他们无聊得要命的时候，他们不再对自己的外表甚至对自己的存在关心，这是最好的制作的时候。（第18页）

这观点可说和中国画论写人物的观点针锋相对了。中国画家不讲究把对象摆定了去画，中国画家要观察活着动着的对象，他们追求的是"传神""神似""气韵生动"；这里不但把对象摆定，而且摆呆、摆死。

"眼神妨碍肖像。"（第20页）这句话则和顾恺之的"传神写照正在阿堵中"的话正相反。

> 看，这是希腊雕像，这是中国雕像，这是沙特尔大教堂的圣徒像或帝王像，它们有一共同点，就是卵形，陶器的浑圆，一切的起伏都服从这一条大法则。从这里产生出一种，我们应该可以说

"表情";不过是一种,我们也许可以说是一种"无表情的表情。"(第37页)

这使我想到《庄子·齐物论》里的第一段:"南郭子綦隐机而坐,仰天而嘘,苔焉似丧其耦。""苔焉"似乎正是描写这一种"无表情的表情"。过去我们想像南郭子綦的模样,"形如槁木,心如死灰"大概是颓唐不堪的。其实不必然。这是回到存在本然样态的一种"大浸稽天而不溺,大旱金石流土山焦而不热"的泰然。

下面的话更具哲学意味:

在我,我想这样说,真的雕刻只求表现存在物的形式,此外没有别的。我的意思是表现它最内在的那一点,从那里形象于是发生,于是被推向世界,排开一切使它改形的阻力。抬手赶掉一只苍蝇大概会给一个生动的表情,但是这表情没有价值,就像一条伤痕,或者其他扰乱形象的一切。

因此尊严是雕刻本然应有的目标。（第 38 页）

关于这一点，黑格尔也说过："雕塑首先是一种带有高度严肃的艺术。"（法文版《美学》第三册第 168 页）

像埃及雕像一样，只是"在"。这只是我们的思想和感情的支柱、基脚。首先是"我在"。这样的存在对于别人是怎样的呢？我占有这个席位；我挡住一个视线，为一个触觉所感受，被一个动作所撞击。我是一物、一人；而首先是一物。（第 79 页）

这说法正符合萨特所说的"存在先于本质"。一座雕刻在我们还不知道它是什么之前，它先是一个"存在"。抽象雕刻之所以能成立，就是因为我们承认这个命题。

1951.05.23
《塞索司特里斯第三》

早晨去卢浮宫专看雕刻。好久没有去了，觉得眼光有大变化，自己也有些吃惊。帕特农神殿的处女行列浮雕，以前我深爱其音乐性的节奏，今天却感到有些绮靡薄弱，光线落在人体上，有些单凋。萨莫特拉司胜利女神，我一向赞美充沛的生命的飞扬奔腾，今天却觉得右腿和躯体的连接似乎不够紧凑……

却也有积极的发现。看到埃及塞索司特里斯第三（Sesostris III，公元前 1650 年前后）的头像残片，真是拜服于那精湛的技艺。这是一个 40 岁到 50 岁之间的法老，嘴边眼下都有深沉的纹路，颧骨和嘴唇显出毅力和决断，眉宇间则有一种潜藏的忧郁。形体的构成，一毫一厘都不放松，充分表现了中年男人的锐识和威严。这雕像一方面是很写实的；一方面有非凡的雕刻性，即给人一种坚实感和永恒感。把肖像提升到这样的高度，我们只得相信，这个雕刻家也非得同时是一个智者不可。

在1859年沙龙评论中，波德莱尔关于雕刻写了这样的话：

> 真的雕刻把一切都严肃化，甚至包括动作。它把一切属于人的都给了永恒的意味，使它们得到物质材料的硬度。愤怒变得凌厉，温柔变得庄严，绘画的波动而光灿的梦幻在这里变为坚硬而固执的沉思。

波德莱尔在十四行诗《美》里有两句是：

> 我憎恶挪动了线条的动作，
> 而我既不哭泣，也不嬉笑。

因为哭相与笑靥都是短暂的、刹那间便消失的肤面现象。不哭也不笑，这正是阿兰所谓的"无表情的表情"，这是一种岸然"我在"的神态，纯存在层次的本然面目。《塞索司特里斯第三》具有这品质。

希腊神像未尝没有类似的企图。像阿波罗、维纳斯……都在面部没有特殊表情，只是一个恒久的凝止的面型结构，而且这面型是一个类型，不属于任何一个特殊个体。《塞索司特里斯第三》则不然，这是一个肖像，然而有其永恒性。在《埃及艺术》一章中，福耳写道：

雕刻是最抽象，也是最实在的一种造型表现。最实在的，因为不可能用浮辞虚语来逃避困难，它的形体必须在每个视角下都逻辑地建立起来后，才能取得生命。最抽象的，因为这一套筑造规律是经过层层的概括活动而显示出来的。在成为艺术之前，雕刻首先是一种科学。雕刻家未能在自然中把握形体的基本元素之前是不可能做出不朽的作品的。而埃及人教给了我们这一点。如果不

经过他们严峻的教诲,大概是不能懂,也不会爱雕刻的。(《美术史》第 1 册第 65 页)

在这法老面部的残片上,我可以看到埃及人在尼罗河水退后测量泥地的几何学的锐利眼光,要从潮涨潮落的现象看到永恒本质去的眼光。

1951.08.07
生存意志

罗丹的遗嘱中说:"凡生命都从一个核心发出来,由内向外,萌生滋长。在好的雕刻中,人们可以察觉到一种有力的内在的冲动。这是古代艺术的秘密。"

我想凡好的雕刻都表现一种坚强的存在的力量。通常批评一件雕刻不好时,必用"软""站不起来""站不稳"一类的话。雕刻的最基本的特质就是要塑造一个坚实的、不可摧毁的形体。观者似乎能看到叔本华所说的"生存意志"。叔本华说:"身体是客观化的意志。"这意志正是罗丹所谓的"有力的内在的冲动"。

不仅只表现存在意志的倔强,更把这倔强提升到尊严、肃穆、光明、广大的层次;存在跃进到超越于生灭之上的永远存在,那就是神的形象,一切神的通性。

法文《圣经·出埃及记》里，摩西问神的名字，神说："Je suis celui qui suis（我是那是的）"，也就是说"我是那存在的"，这正好做神像的注脚。

笛卡儿的哲学系统从"我思故我在"开始，斯宾诺莎的伦理学的第一条命题是神性必然蕴含其存在。雕刻不是一套思想系统，但如果能转化为一套思想系统，那么第一条命题应该是"我存在"。

"意志是世界的本质，一切现象的实质。"（叔本华）我们欣赏一块鹅卵石，就是因为在那里也能看到一种充塞其中、弥漫其外的、单纯的存在力量。现代抽象雕塑既不写人，也不写神，所要表现的，不外这一泛存在意志的普遍显现。

我现在想起纪蒙收藏的那些古雕像。它们之所以能打动我们，就是因为它们显示了生命的基本相，并把生命的最基本的存在形式提升到最高的境地去。

罗丹的雕刻固然有强烈的存在意志的显现，却并不表现静止的意志、抽象的意志，而是描写存在意志的实践经历。从《塌鼻子的人》（1864）开始，不，可以更推早，从《艾玛神父》（1863）、《父亲的像》（1860）开始，每一座人体，每一尊肖像都负载着可以读得出来的史迹。里尔克讲到罗丹的男性肖像时，说："一个人的全部生命都走入面孔上。"

希腊古典期的神，北魏隋唐的佛，则只是凛然岸然的存在意志自体。那些面孔上绝无生活的痕迹，谁能说出佛像所表现的是几岁的释迦牟尼？雕刻家所要显示的不是劳瘁于生老病死、被时间磨蚀刻镂的肉躯，而是证真如的金刚法身，出离烦恼，寂然常住，不生不灭。如果说有表情，那是一种纯存在的恬然；说是无情也可以，那是一种太上的无情。由这恬然中、无情中弥漫出意志主体的大自在。近代雕刻的总趋势也正是要把故事、戏剧、历史都从雕刻上排斥出去，连人和兽的形象也排除了，只留下一存在的基

罗丹 《父亲的像》

罗丹 《莫尔拉—比库纳夫人肖像》

本样态:块然无名的构成物。一座立方的巨石打出几个面,让观众自己去体验它的纯存在的意味。

神像雕刻和现代抽象雕刻都可以说是一种形而上学。罗丹的雕刻可以说是一种历史辩证法、一种个体的历史观。但是这历史观的背后仍然有形而上学,以存在意志为基础,那是雕刻的精髓。没有这基础,雕刻是"站不起来"的。如果不要表现存在意志,那么就根本不需要雕刻。

克拉代耳在《罗丹传》中提到罗丹的读物，哲学家中他欢喜读柏拉图和卢梭，并带着好奇的兴趣翻阅斯宾诺莎和叔本华（见第303页）。这或者并非偶然。

今注：回想起来，这个时期我逐渐了解罗丹、布尔代勒、麦约之后的现代雕刻，但所偏爱的仍是表现生存之强度的作品。近代雕刻中也有表现生存之脆弱的，像贾科梅蒂；也有表现形体之柔软的，像阿尔普、劳朗斯；也有表现形体之轻盈浮动的，像卡尔达……我当时都不能接受，认为违反雕刻的特质。

熊秉明文集 一

关于罗丹：日记摘抄
Collected Works Of Hsiung Ping-Ming

后 记

关于罗丹的日记就择抄到这里。此后我接近现代雕刻,逐渐和罗丹的浪漫主义人文思想疏远了。罗丹之后的第一代继承者布尔代勒曾在1950、1951年间给我一定的影响。这时间,我在穰尼俄的纪念碑雕塑教室完成了几座比真人略大的塑像《纪念死难者》(浮雕)、《逃奔》《孕妇》《背孩子的男人》,参加过沙龙。回想起来,这些尝试是为了回国去制作纪念碑型的雕刻做准备,但是在巴黎当时的艺术环境中,这些呐喊有些近于天真可笑,费了极大的气力,回响却甚微。

在罗丹之后的第二代继承人贾科梅蒂、李谢、俄里柯斯特、阿当等人中,我较欣赏李谢。对贾科梅蒂的作品,在理智上惊异它们表现了存在主义思想的某些特质，但在直觉上并不喜爱，我对于那一种过分的残破与憔悴有着拒抗。这使我从罗丹、布尔代勒笼罩下走出来，而将我引入现代艺术领域的应该是毕加索。他的表现主义的立体派是我觉得可循的道路，导向自己要去的地方。

纵观西方雕刻史，罗丹的角色颇像思想史上的卢梭。个人主义达到一个巅峰，个人突然赤裸裸地暴露，把个体天真的肉躯给人看，把火热无邪的心捧出来，呼唤、追求、忏悔、痛苦……这自白，这自我分析是西方文化史的一个发展关键，19世纪的浪漫主义、社会思想在这里点着了火。康德把卢梭比作牛顿。雕刻本是一集体的表现工具，是一种较繁重、难驾驭的表现工具，歌唱个人的浪漫主义的狂飙吹到这个领域的时候，这运动已经到了尾声，但是有《地狱之门》《青铜时代》《夏娃》《行走的人》《雨果》《巴尔扎克》……这一系列的形象的展现，无疑这是一个壮观而奇美的尾声。

写现代雕刻史的人把罗丹放在第一页，但要把他当作现代雕刻家的第一人,又总有些不便。我想可以这样说吧:他的浪漫主义是19世纪的,但他把雕刻揉成诗,为未来的雕刻家预备了自由表现的三维语言;他把《行走的人》省略了头,削减了双臂,这是后起的现代艺术家大胆扭曲人体、重造人体,以及放弃人体的第一步。

1983年2月11日 巴黎

附录：罗丹年谱

1840年　11月12日，罗丹生于巴黎第五区弩弓街三号。父亲是警察局额外雇员，母亲做女佣和洗衣工。母家的三个表兄弟分别做版画、工程画和排字的工作。

1854年　入图画专科学校（高等应用美术学校的前身）。同学中有：雕塑家达鲁(Dalou)、画家范谈·拉突尔(Fantin-Latour)、画家勒格罗(Legros)。

1857年　离开学校，开始做装饰雕塑。此后曾三次参加巴黎美术学校入学考试，都落第。

1862年　姐玛利亡故，悲痛苦闷，进入天主教会。

1863年　听从艾玛神父的劝告还俗。遇雕塑家卡尔波(Carpeaux)。卡尔波著名作品——巴黎歌剧院前的

《舞蹈》做于此时。

1864 年　　在自然历史博物馆师从擅长塑禽兽的雕塑家巴里（Barye）学习。《塌鼻子的人》送沙龙落选。和露丝（Rose）相遇，并同居。结婚则是 50 年之后的事。

1864 年　　迦蜜儿·克劳岱尔（Camille Claudel）出生。

1871 年　　普法战争，入伍。后因近视退伍。

1875 年　　去比利时首都布鲁塞尔工作。母卒。游意大利，特别为米开朗基罗的作品所激动。开始塑《青铜时代》。

1876 年　　制成《青铜时代》。

1877 年　　在布鲁塞尔展出《青铜时代》，有人诬为实体浇模所成。秋返巴黎。

1879 年　　在赛弗瓷器厂工作。

1880 年　　在沙龙中展出《青铜时代》和《施洗者圣约翰》。塑《亚当》《三影》《思想者》。此期作品风格沉郁。政府拟建造装饰美术馆，其中一门交给罗丹设计。罗丹决定以但丁的《神曲》作为门上浮雕的题材，于是《地狱之门》的构想开始酝酿。原定于 1884 年完成。后来一再推延，竟到罗丹逝世尚未浇铜。其间装饰美术馆改设于卢浮宫一翼，不再另建，门的设计也就不再需要。但是《地狱之门》成为罗丹塑造的灵感的泉源，多数塑像都是属于《地狱之门》上的人物。

1881 年　　塑《夏娃》。游英国。返法后，对《地狱之门》的构图大有更变。初稿的门分两扇，每扇竖列四个方格，每格有独立的构图。显然这是继承了佛罗伦萨雕塑家吉伯提 (Ghiberti, 1378—1455) 的《天堂之门》的设计样式。后来把四格打为一片，空间变得广阔得多，自由得多，而同时也给人以失去平稳与准绳的不安和悲剧感。

1882 年　　《我是美丽的》《蹲着的女人》《乌戈兰》(Ugolin)……

1883 年　　制作了不少胸像，重要的有《雨果》和《达鲁》。遇到迦蜜儿·克劳岱尔，和她有了 14 年艺术上的合作和狂热的爱情。他倾倒于她的青春、美貌、智慧、野性和雕塑天才。她比他小 24 岁。此后是罗丹创作最旺盛的时期。迦蜜儿先是罗丹的学生，后是他的助手。

1884 年	加莱市（Calais）为纪念 1347 年加莱六义士舍己救城事迹，特约罗丹造纪念像。
1886 年	雨果于 1885 年逝世，法国政府订雨果纪念像。按最初计划此像立在先贤祠前，但罗丹所做的是一裸体的雨果坐像，和大建筑不相称，1887 年政府未接受作品。罗丹于是另试立像，没有结果。最后把裸的坐像置于卢浮宫前公园一角。那已是 1907 年的事。
1888 年	伽利玛出版商约罗丹做波德莱尔的《恶之花》插图。此期做了许多男女相拥抱纠合的群体。
1889 年	做《永恒的偶像》《浪子》…… 罗丹和印象派画家莫奈合展。
1889 年	做《神的使者》《半马半女像》……
1891 年	文人协会（当时左拉任会长）订制巴尔扎克纪念像。
1892 年	南锡城（Nancy）订制画家洛汉（Claude Lorrain）纪念像。罗丹的工作加多，需要许多助手，曾经做过他的助手而受到他的启发成为著名雕刻家的，除了迦蜜儿·克劳岱尔，还有：德波雅（Jules Desbois）、布尔代勒（Antoine Bourdelle）、蓬蓬（François Pompon）、德斯比

奥（Charles Despiau）、玛拉特卡（Josef Mařatka）、荷夫曼（Malvina Hoffman）。

1895 年　《加莱市民》在加莱揭幕，反应热烈。但反映更热烈的是在 1913 年伦敦举行的揭幕盛典，另一座放置在英国国会花园里的《加莱市民》。

1896 年　《吻》，这作品一方面被认为是罗丹较有"古典风"的作品；一方面被认为有淫秽之嫌，曾多次在展览会中被中途撤去。

1898 年　《巴尔扎克》完成，在沙龙中展出，文人协会拒绝接受。
和迦蜜儿断交。迦蜜儿和露丝之间有两个女人之间的矛盾，迦蜜儿和罗丹之间有两个天才之间的矛盾。显然迦蜜儿在罗丹近旁不能好好自由发展，她需要独立自由的创作生活。

1899 年　巴黎博览会设罗丹专馆。

1902 年　游捷克布拉格。遇诗人里尔克。

1904 年　游英，继惠斯勒（Whistler）之后成为国际画家雕刻家版画家协会会长。

在沙龙中展出《思想者》铜像。此像的小稿早在 1888 年就完成,并在哥本哈根参加展览。舒阿塞公爵夫人(Choiseul)进入罗丹的生活,成为罗丹的经纪人和总管家,其专横跋扈引起罗丹亲近的人和助手们的强烈反感。

1905 年　里尔克为罗丹私人秘书。

1906 年　塑萧伯纳胸像,克列孟梭首相头像。和诗人里尔克、画家楚罗迦(Zúñiga)游西班牙。
与里尔克断交。

1907 年　牛津大学授予荣誉博士学位。同时接受荣誉的有美国小说家马克·吐温、法国音乐家圣桑(Saint-Saëns)。
与里尔克复好。

1908 年　英王爱德华七世访莫当。

1909 年　雨果纪念像揭幕。

1911 年　旅英,选择放置《加莱市民》的地点。
和葛赛尔(Gsell)对话录出版。

| 1912年 | 游意大利。
和舒阿塞公爵夫人断交，多年来公爵夫人的干扰告终。
第一次患脑溢血。

| 1913年 | 迦蜜儿进入精神病院，一住30年。1943年卒于院中。

| 1914年 | 因健康原因去法国南部。
因战事去英国，复经巴黎去意大利。

| 1915年 | 又到意大利，为教皇本笃十五世塑像，这可以说是罗丹最后的作品。

| 1916年 | 再度患脑溢血。

| 1917年 | 1月29日和露丝正式举行婚礼。2月14日露丝卒。11月17日罗丹逝世，享寿77岁，葬于莫当，依其遗嘱，墓上置《思想者》铜像。

熊秉明文集 一

关于罗丹：日记摘抄
Collected Works Of Hsiung Ping-Ming

图片说明

  本书部分图片从有关书籍和网站中选取,特向拍摄者致谢。由于客观条件限制和时间仓促,很难一一寻找图片的作者,请有关作者与出版社联系,并提供足够的证明材料,以便及时支付图片使用费。

各卷文字说明

一 《关于罗丹：日记摘抄》

熊秉明一生所受影响最大的西方艺术家是罗丹。本卷收录了他关于罗丹的笔记和论文，不仅帮助读者更深地领会罗丹艺术，同时对熊秉明的艺术道路和艺术思想也会增加了解。

二 《看蒙娜丽莎看》

本卷收录了熊秉明先生的美术论文和随笔，展现这位艺术家不同寻常的艺术感觉和对艺术重要问题的思考。

三 《展览会的观念》

熊秉明先生关于展览会观念的思考，是他有关艺术思考的重要组成部分。本卷收录的文字，主要包括他由展览引出的艺术思考和哲学思考。

四 《中国书法理论体系》

本卷收录了熊秉明先生的《中国书法理论体系》。此书写作本于教学之需要,反映出他对中国书法艺术和理论的独特理解。本书曾由天津教育出版社于2002年出版。

五 《张旭狂草》

《张旭狂草》,是熊秉明先生有关书法研究的最为重要的著作之一,曾以法文出版,收入本文集,由北京大学哲学系宁晓萌翻译,杜小真审订。

六 《书法与人》

熊秉明是一位有成就的书法家,对书法理论有精深的见解,并且数十年里致力于书法的教学与传播。本卷收录了他有关书法的论文、笔记和教学课录。

七 《人体与山水》

熊秉明先生是一位有成就的雕塑家。本卷收录了他关于人体思考的文字,其中有关于西方艺术重人体、中国艺术重山水的比较研究。

八 《诗论》

作为诗人的熊秉明先生有关于诗的深入思考。本卷收录了他有关中国古代与现代诗歌的研究文字。

九 《砧边札记》

熊秉明先生有将自己随时思考记录下来的习惯。本卷收录了他有关艺术、哲学、人生的笔记。由手稿中录出,篇什多短小,却寓有深邃而富有启发性的见解。

十 《诗》

熊秉明先生是一位诗人。本卷收录了他的诗作,这些诗部分有时间记载,大多数未具时。所录之诗,除部分发表之外,大多是根据手稿整理,第一次与读者见面。